消費者をケアする女性たち

「ヒーブ」たちと
「女らしさ」の戦後史

Isamu Mitsuzono
満薗 勇

青土社

消費者をケアする女性たち　目次

消費者をケアする女性たち

「ヒーブ」たちと「女らしさ」の戦後史

まえがき

正直に告白をすれば、私が本書の対象であるヒーブ（ＨＥＩＢ）[*1]のことを知ったのは、ごく最近のことである。ヒーブという言葉に初めて接したのは、戦後日本の消費史に関する基本資料を収集し始めた数年前のことで、本格的に興味をもって調べ始めたのは、この原稿を書き上げる九ヶ月ほど前のことであった。ヒーブとは何か、ヒーブが歴史研究の対象としていかに興味深いものであるか、ということは本文に記した通りなのでそちらに譲り、ここでは、学問的な説明を少し離れて、私がヒーブという対象に惹かれながらそこに何をみていたのかを、私的な雑感を交えながら書き留めておくことにしたい。

正確な理解を脇に置いて卑近ないい方をすれば、日本のヒーブとは、有名企業の正社員としてフルタイムで働く高学歴女性のことで、やりがいのある仕事にその高い能力を発揮し、仕事だけでなく、家事や育児・介護も頑張ろうとする努力家で前向きな女性たちのことである（定義めいた書き方で誤解を招くといけないので、学問上の正確な理解については必ず本論を参照してほしい）。

本書が扱うのは、一九七〇年代から一九九〇年代半ばまでのその歴史である。

一方、一九八〇年生まれの高学歴（であることはおそらく疑いようのない）男性である私は、いま大学に安定したポストを得て、やりがいのある仕事（研究）に打ち込むことができている。ヒーブについて調べ始めた当初は、彼女たちが女性として抱える困難や葛藤にジェンダーの問題を強く感じ、時代はズレるものの、それでも私が直接・間接に見聞きしてきた女性の姿をそこにみることが多かった。私は（あえていえば）たまたま男性であるがゆえに、女性特有の困難や葛藤から逃れることができていたのだという受け止め方をしていたのである。

しかし、史料を読み進めるにつれて、ヒーブの抱える困難や葛藤は、私が抱える不安や迷いと地続きであるということも強く感じるようになっていった。

ヒーブは女性であるがゆえに企業に居場所を得ていったが、性差別的な処遇にはもちろん不満を示し、家事や育児をめぐる負担の性別不均衡にも問題を感じ、男性中心の企業文化にも鋭い批判の目を向けていった。その意味ではジェンダー不平等が是正される社会を望み、それでも与えられた環境のなかでキャリアを積み、仕事も家事も育児も頑張ることを通じて、周囲の状況を少しでもよりよいものにし、自らの生をよりよいものにしていこうと努力していた。

本論では直接言及していないが、アメリカのシェリル・サンドバーグによる『LEAN IN（リーン・イン）』[*2]に対して、強い批判があることを知ったのは、ヒーブの史料をある程度まで読み進めた頃のことであった（このことは、私がもともとジェンダー史・フェミニズム史の専門家ではないことを物語っている)。そうした「リーン・イン・フェミニズム」批判[*3]は、家事労働をめぐる国際労働移動の問題性(グローバル・ケア・チェーンの問題性)や、人種の問題をはじめとしたインターセクショナリティの観点を含みながら、新自由主義的な競争秩序と親和的なジェンダー秩序のありようを総体として批判するもので、構造的な把握それ自体としては私にもよく理解できたし、そのことに全く異論はない。しかし、その批判が(構造への批判ではなく)与えられた環境のなかで頑張ろうとする/頑張らざるをえない個々の主体に向けられるとすれば、それはあまりにも過酷なことであるように思えた。

リーン・イン・フェミニズム批判に接してみると、ヒーブの史料からは、男性との関係だけでなく、女性同士の関係においても居心地の悪さを感じていたことが読み取れた。ヒーブの史料を読み始めた頃には、「この人たちが頑張ってしまったから、いまみんながつらいんだろうな」と思うことがたびたびあったが、「仕事と家庭の両立なんて贅沢だ」、「少子化はキャリア女性のせいだ」といった潜在的な批判に、同時代のヒーブも直面していた可能性に思い至るようになり、それ自体が重要な論点であると理解できるようになった。本論でみていくように、ヒーブは、いわゆる「男並み化」を果たして男性中心の雇用社会に適応したという(ステレオタイプ化された)エリート女性像とは異質である。しかし、リーン・イン・フェミニズム批判や、それと通じる「ネオリベラル・ジェンダー秩序」論[*4](これは本論で取り上げている)が、もしそうしたヒーブの歴史的経験をみえにくくしてしまうことにつながるのなら、それはとてもよくないことのように思われた。

競争促進的な大学行政の影響もあり、学問をめぐる状況が厳しいなかで、私はたまたまいくつもの幸運が重なって、安定したポストを得てやりたい仕事に打ち込めている。そうした幸運のなかには、私が女性であれば訪れなかったものがいくつも含まれていたことだろう。それでもいまのポストを得る前には、不安定な身分に置かれ、将来を悲観する日々を過ごしていた。その心の傷はいまもまだ完全には癒えていないし、恵まれたポストに見合う仕事ができているかどうかという不安はいまも、そしておそらくこの先も尽きない。与えられた環境のなかでの主体的な努力が、既存の競争秩序を維持・強化することになるということはわかっている。絶望するのは簡単だとも思う。それでも歴史家としての私は、そうした秩序からの真の解放を願わずにはいられないし、それでも生身の人間としての私は、私なりによりよい仕事をしていく努力を重ねることで、いまという時代を生きるほかない。そうした私の不安や迷いは、ヒーブの困難や葛藤からみれば、取るに足らないものだと思うが、史料を読む私にとっては大切なものであった。

ともあれ、当事者性や切迫した実存的理由がなくても、歴史は書ける。そもそも歴史家が史料を読んで歴史を書けるのは、歴史家として史料を読んでその内容を理解できるからである。親の店を手伝ったことがなくても流通業の歴史を書くことはできるし、旋盤を扱えなくても機械工業の歴史を書くことはできるのである。本書もまた、私個人の私的な雑感を綴ったものではもちろんなく、消費史や労働史に関わる学問上の関心に貫かれた歴史叙述である。そして、そうであるからこそ、いまを生きる生身の人間である読者のもとに届く内容になっていると、私は信じている。

註

＊1　本書では、日本のヒーブを指す場合にはカタカナ表記の「ヒーブ」、アメリカのＨＥＩＢを指す場合には英文表記の「ＨＥＩＢ」を用いる。一般的な言葉として用いる場合には「ヒーブ（ＨＥＩＢ）」と併記する。

＊2　シェリル・サンドバーグ『ＬＥＡＮ ＩＮ（リーン・イン）――女性、仕事、リーダーへの意欲』村井章子訳、日本経済新聞出版、二〇一三年（原著二〇一三年）。

＊3　たとえば、シンジア・アルザ＋ティティ・バタチャーリヤ＋ナンシー・フレイザー『99％のためのフェミニズム宣言』惠愛由訳、人文書院、二〇二〇年（原著二〇一九年）。

＊4　菊地夏野『日本のポストフェミニズム――「女子力」とネオリベラリズム』大月書店、二〇一九年。

序論

戦後史のなかのヒーブ

手作りパンなどを作るための高度な専用調理器として使われてきた電子レンジに、スピーディーな加熱や温め直しという日常調理器としての需要を掘り起こしたシャープの「オーブントースターレンジ」（一九八六年発売、働く女性向け家電「U's シリーズ（ユースシリーズ）」）[*1]。消費者からの苦情や問い合わせに丁寧に応えながら、「お客様」の声を商品の改善や新商品の開発につなげてきたサントリーの「お客様相談室」（一九七六年「消費者室」開設、一九八七年「お客様相談部相談室」へ改称）[*2]。障害者用トイレや駐車場専用区画についての表示の改善、老眼鏡の貸し出しなどを通して、高齢者・障害者が利用しやすい店舗づくりを進めてきたスーパーのダイエー（一九九二年全店チェック・施設改善）[*3]。

これらはいずれも「ヒーブ」と呼ばれる女性が関わった取り組みの事例である。いまから振り返ってみれば、ヒーブはいわゆる「女性活躍」の流れに位置づけられ、その一つの歴史的源流ともいえる。たとえば、「女性の活躍推進」の現状を批判的に検証しようとする研究のなかでは、「女性の視点から商品開発をした」「女性の感性で考えた商品がヒットした」「女性ならではのきめ細かさで顧客のニーズをつかんだ」といった動きは、「一九八六年に男女雇用機会均等法が施行され、総合職女性が誕生した時におきたことと同じ」だという指摘がある[*4]。特筆すべきことに、ヒーブを擁する日本ヒーブ協議会は、男女雇用機会均等法の成立よりも前に、「日本ヒーブ連絡協議会」の名で一九七八年に結成をみているから、この指摘からさらに時代を遡りつつ、「女性活躍」の歴史を批判的に見通す格好の対象といえるだろう。

では、ヒーブとは何か、なぜヒーブに注目するのか、そこから何がみえてくるのか。この序論では、これらの問いを念頭におきながら本書の課題と視点を整理し、「女性活躍」の歴史的系譜におけるヒーブの位置づけを明らかにしつつ、そうした位置づけが、女性の就業とケアをめぐる日本の戦後史理解にとっても重要な示唆を与えうることを確認していくことにしたい。

1 「ヒーブ」とは何か

ヒーブの由来は、アメリカ発祥のＨＥＩＢにある。ＨＥＩＢとは、Home Economists in Business の略で、企業内で働く家政学士を意味する。[*5] アメリカでは、一九二三年にアメリカ家政学会のなかにＨＥＩＢの専門部会が設けられ、正式にはその部会メンバーのことをＨＥＩＢと呼び、一九六七年にＨＥＩＢの略称が正式に学会で承認された。大衆消費社会として繁栄を遂げていく時代状況のなかで、アメリカの企業は、消費者の立場にたったマーケティングと、消費者問題への対応の両面を期待して、家政学士としての専門知をもつＨＥＩＢを積極的に雇用していったのである。

本論でみるように、日本では、一九七〇年前後からアメリカのＨＥＩＢに対する関心が高まり、[*6] 一九七四年に「日米ＨＥＩＢ会議」が開かれ、一九七八年に「日本ヒーブ連絡協議会」が結成された。一九七九年にこれが「日本ヒーブ協議会」へと改称され、以後、協議会に集う女性たちを示す語として日本の「ヒーブ」が定着していく。日本ヒーブ協議会による「ヒーブ」の定義は、企業の消費者関連部門で働く女性、という内容で、会員資格を家政学士に限定せず、家政学会にも足場を設けず、もっぱら女性に限るものとされた点に特徴があった。アメリカのＨＥＩＢは実態としては女性が多かったものの、性別は問われなかったため、日本のヒーブはアメリカのＨＥＩＢと大きく異なる性格をもつことになった。日本ヒーブ協議会では、そうした性格の違いを強調するため、当初から自らの組織と会員を指すのに「ヒーブ」というカタカナ表記を採用している。

日本ヒーブ協議会の会員は、消費者向けのBtoCの要素をもつ有名企業で働く女性たちで、大企業・中堅企業を中心として、消費者対応、商品企画、広報、マーケティングなどの仕事に従事した。労働省による「職業分類」と「職業名索引」のなかでは、[*7]一九八六年改訂時の「職業名索引」に「ヒーブ」が初めて登場し、[*8]「専門的・技術的職業」という大分類のなかで、「他に分類されないその他の専門的・技術的職業」という小分類に位置づけられた。ヒーブは専門的・技術的職業として社会的な認知を得ていたことがうかがえる。

日本ヒーブ協議会の会員数をみると、[*9]一九七八年に一一五人・九五社の参加を得て「連絡協議会」としてのスタートを切った後、一九九〇年代半ばまで増加を続けて、一九九五年には四三〇人・二四七社となった。その後は減少傾向に転じ、二〇一三年には一一〇人・八九社となっているが、日本ヒーブ協議会は現在まで活動を続けている。

学歴別会員数の構成比でみると、一九七九年調査では、大学・旧制専門学校卒が五一・八％、短大卒が二八・九％、高校卒が一二・〇％となっており、[*10]一九九〇年調査では、大学・大学院卒が七四・一％もの割合を占めている。[*11]当時の女性の大学進学率が、一九七九年に一二・二％、一九九〇年でも一五・二％という水準にあったことを踏まえれば、[*12]日本ヒーブ協議会は高学歴女性の集団という性格を色濃くもっていたことがわかる。専攻別にみれば、家政学を学んでいない者も多くを占めており、この点が日本的なヒーブを特徴づけていた。

加えて、男女雇用機会均等法の公布は一九八五年（施行は一九八六年）のことであったから、ヒーブは均等法に先立つ歴史を有する点でも注目される。日本ヒーブ協議会は、各企業でフルタイム就業の正規雇用のもとにあり、長期勤続をめざす先駆的な女性たちからなる集団としての性格をもち、そこから各企業で「女性初の」といわれる管理職女性を何人も輩出していった。しだいに均等法世代のヒーブも増え、そうした女性たちにとっても、協議会は各職場におけるロールモデルの乏しさを補う場となったのである。日本ヒーブ協議会では、当初からヒーブの役割を「企業と消費者とのパイプ役」と表現していたが、一九九〇年代後半までの間には、「働く女性のリーディング集団」という自己規定も行うようになり、消費者視点とともに就労視点が活動を貫く一つの柱となっていった。

以上の素描からも明らかなように、日本のヒーブは、アメリカのＨＥＩＢと異なる独自の歴史的展開を遂げた。日本のヒーブが「女性活躍」の歴史的系譜に位置づけられるのは、まさにその日本的展開ゆえのことである。一般的には、「女性活躍推進」の歴史を、男女雇用機会均等法（一九八五年）、育児休業法（一九九一年）、次世代育成支援対策推進法（二〇〇三年）、女性活躍推進法（二〇一五年）というように、政策の系譜でたどることが多いと思われるが、そうした整理からヒーブを位置づけることは難しい。ヒーブや日本ヒーブ協議会は、政府による政策的な支援を受けて成立したものではないからである。しかし、企業や経済界が「女性活用」に乗り出す歴史としてみるならば、ヒーブはその源流に位置づけられる。アメリカのＨＥＩＢは、家政学の学知に裏付けをもったが、本論でみるように、日本企業の多くは、日本の家政学や家政学士の専門知よりも、まず女性であることにヒーブの意義をみいだしていた。日本企業は産学連携のような形で家政学を必要としたわけではなく、「女性活用」の文脈でヒーブを受け入れていったのである。

　それゆえに、家政学士に限定せず、家政学会に足場を設けず、しかしもっぱら女性に限るものとされた日本のヒーブは、女性性を色濃くまとうものとなり、女性だからこそ企業に「消費者の視点」を期待される一方で、女性だからこそ企業で働き続けることの困難や葛藤に正面から向き合うことになった。そこには現状の「女性活躍」をめぐる隘路に通じる構造があると考えられるが、より正確にヒーブの歴史的位置を見通すには、戦後日本社会の編成原理にまで立ち入って検討を加えておく必要がある。消費者視点と就労視点が結び合う日本のヒーブは、消費と労働の結び目に戦後日本特有のジェンダー構造があることを浮き彫りにし、そのことは、以下のようにケアの視座を導入することでよく理解できるはずである。

2　ケアの視座からみたヒープ

ケアの定義はさまざまである。[*13] 広義には、世話、配慮、気配りなどを含み、狭義には、看護や介護の局面に限定し、病人、高齢者、障害者、子どもなどに対する身体的な接触や情緒を傾けることに伴う活動として捉えられる場合もある。明解で共有されるケアの定義は十分に確立されておらず、成人を対象とした家事労働や、商品・サービスの購入を通じた行為なども対象に含むことができる。落合恵美子は、その捉えにくさにケア概念の魅力があるという立場から、社会的・歴史的文脈によるケアの可変性に注目し、「人が生きることを支える活動」という包括的な定義を与えた。[*14]「ケアとは何か」ということ自体が変わりうるというその視点は、次のような歴史理解を導いている。

すなわち、前近代社会においては、生産と再生産が一体となった世帯経済の活動が営まれる一方で、男性も広い意味でのケアを担い、ケア労働の商品化や、チャリティや行政による非家族主義的ケアの実践なども広くみられた。それに対して、近代社会においては、「近代家族」の誕生によって公的領域と私的領域が分離され、ケアは私的領域に囲い込まれる形で、「ケアの家族化／私事化／女性化」が進んでいった。現代はそこから「ケアの脱家族化」（商品化／市場化／社会化）に向かう時代とされ、ポスト近代家族的な状況のなかで、ケアが改めて大きな問題になっていることを落合は歴史的に位置づけている。

歴史的アプローチをとる本書は、この理解を踏まえてケアの視座を導入し、世話、配慮、気配りといった広義の概念も含みつつ、直接には家事・育児・介護を指すものとしてケアの語を使うことにする。実証的な歴史研究としては、ケアの需要と供給をめぐる動態的な把握に興味をひかれるが、日本近現代史に即していえば、それは「生存」「生きづらさ」「生きること」をめぐる近年の関心の高まりに呼応する課題でありつつも、[*15] なお検討の余地が多く残された未完の課題となっている。経済史研究としてもケアの視座に学ぶ意味は大きく、社会的再生産に関わる諸活動を可視化し、そこに横たわるジェンダーバイアスの問題を自覚的に検証することを通じて、歴史像をより豊かなものにしていくことが期待されよう。[*16]

さて、ケアの視座を導入すると、ヒーブのことを「消費者をケアする女性たち」という表現で捉え直すことができる。ヒーブ自身はケアという言葉を使っていないが、ヒーブには大きく、①ケアの視点を踏まえた商品・サービスの開発と、②苦情や問い合わせに対する消費者のケア、という二つの役割が求められた。①は家事・育児・介護に関わるケアの商品化といえるもので、商品企画、市場調査、マーケティングなどの仕事を通じて、ケアする側の立場にたった商品・サービスの提案・改善が求められた。②は広義のケア概念にあたるものだが、消費者問題の続発による企業不振が深刻化するなかで、消費者相談、広報、コミュニケーションといった仕事を通じて、消費者対応における丁寧できめ細やかなケアが求められた。大きな流れでみれば、ヒーブは「ケアの市場化・商品化」という形で、「ケアの脱家族化」の一端を担う役割を果たしたと位置づけられる。

念のため付言しておけば、日本的なヒーブが家政学に足場をもたなかったのは、日本の家政学が「ケアの脱家族化」に無関心だったからではない。たしかに戦前の良妻賢母教育は「ケアの家族化・女性化」を推し進める役割を担い、家庭内で料理・掃除・洗濯・裁縫を担う女性の教育にあたる性格を色濃くもっていたが、戦後の大学制度改革を通じて学問としての出発をみた日本の家政学は、戦後日本社会の変容とともに、そうした良妻賢母教育の実践をいかに乗り越えるか、という課題に向き合っていくものとなった。[*17]「ケアの脱家族化」は、一面で家庭生活に基礎を置く家政学の足元を掘り崩すものであったが、日本の家政学は学問のあり方自体を問い直していく道を選び、家庭を取り巻く人間と環境との相互作用に目を向ける学問へと展開していったのである。

実際に、日本家政学会が一九八四年に取りまとめた「家政学将来構想１９８４」では、「家政学は、家庭生活を中心とした人間生活における人と環境との相互作用について、人的・物的両面から、自然・社会・人文の諸科学を基盤として研究し、生活の向上とともに人類の福祉に貢献する実践的総合科学である」という形で家政学を定義している。[*18] 家庭生活の内側に問題を限定せずに、関連諸学の知見を総合しながら、人間生活の側に視点を置きつつ、人と人との関係、人とモノとの関係をトータルにつかまえようとする方向に、家政学としてのあるべき道が示されたのである。こうした学問状況を踏まえると、ヒーブの動向は家政学の側にとっても重要な関心事であったことが首肯されよう。実際に日本家政学会ではさまざまな議論と取り組みがみられ、その帰趨は本書を貫く重要な論点の一つであるが、詳しくは本論でみていくことにしたい。

いずれにしても、日本企業は戦後日本社会における「ケアの女性化」を前提として、「ケアを担う性」だからこそ女性をヒーブとして採用し、ヒーブに「消費者のケア」を求めた。そして、企業が新たに女性であるヒーブを必要としたのは、それまでの日本企業が、ケア負担を免れた男性中心の日本型雇用のもとに編成されていたからにほかならない。それゆえに、ヒーブがそこに飛び込んでいくということは、自身が背負う家族のケア（家事・出産・育児・介護）と、就労の継続をめぐる両立の困難に正面から向き合わざるをえなくなることを意味していた。しかしながら、というべきか、それゆえに、というべきか、特筆すべきことに、ヒーブは、家庭におけるケアを担う女性だからこそヒーブとして企業で活躍できる、という形で、その両立の困難をとらえ返そうとする。まずは日本型雇用とジェンダーの問題を概観することで、このことの歴史的な意味を解きほぐしておきたい。

3　日本型雇用とケアのジェンダー化

よく知られているように、戦後日本の大企業には、男性正社員のみに正規の資格を付与する「メンバーシップ型」の雇用慣行が定着していった。[*19] そこでは、長期雇用と年功賃金が男性正社員にのみ保障され、その代わりに職務の無限定性が求められた。賃金には、家族賃金観念に基づく「生活給」思想が埋め込まれ、職務の無限定性には、残業や転勤を厭わない態度が必要とされた。そのため、日本型雇用のもとにある企業は、従業員の家族やそのケアに関わる領域にまで積極的な関心を示し、なかでも家庭における妻にケア責任を強く期待することになった。

たとえば、一九五〇年代から人口問題研究会によって取り組まれた新生活運動は、企業における家族計画運動に乗り出し、従業員家族に対する受胎調節や産児制限の啓蒙、避妊具の廉価斡旋などを行っていた。[*20] そこには、「近代家族」としての幸福を求める従業員家族の積極的な参加が不可欠であったが、企業の側にとっても、従業員の子ども数を抑制することが家族手当の削減に直結したため、経営上の関心が色濃くみられる運動となった。

あるいは、高度成長期の企業社内報を分析した事例研究では、「主婦規範と妻の生活実践」の啓蒙と動員がみられたことが指摘されている。[*21] そこでは、企業が従業員である夫の心身のケアを妻に求め、夫の健康や職場の安全に関する責任を、家庭の妻にまで背負わせようとする意向が働いていた。ここでも「近代家族」としての幸福を追求する妻の実践は不可欠であったが、企業の側はそれを単なる家庭内の私事にとどめることなく、夫の睡眠、栄養、機嫌をケアすべき役割を「主婦」に求めていたのであった。

加えて、日本企業は従業員のライフサイクルを丸抱えするような形で、職域福祉を拡充していったことが知られている。[*22] 持ち家取得への支援、子どもの教育や老後の備えなどをバックアップする手厚い福利厚生が用意され、それが年功賃金と組み合わされることで、労働者の勤労・勤続・昇進競争への意欲が引き出されていった。木本喜美子は、そこに「近代家族」の幸福を追求しようとする労働者家族の姿をみいだしつつ、日本の企業社会が、「近代家族」規範と深く結び合う形で労働者の統合を実現していったことを強調している。

「近代家族」という家族規範は、男性は稼ぎ手、女性はケアの担い手という性別役割分業のもと、子どもとともに愛情で結ばれた家族を理想とするものである。日本においては、男性正社員と専業主婦のカップルに、二人もしくは三人の子どもからなる家庭を理想像として、高度成長期に広範な広がりをみせた。落合恵美子はそれを「家族の戦後体制」と呼ぶ。[*23] 歴史的にみれば、「近代家族」には、直系家族規範に基づく三世代同居や、生産と消費が未分化な形での多就業が求められる伝統的なイエからの解放という意味合いもあった。とりわけ女性にとっては、イエや姑に縛られて不自由を強いられることも多かったから、「近代家族」として主婦役割を担うことは、自らの裁量でケア責任を全うできる自負とやりがいをもたらすものでもあった。[*24]

他方で、日本型雇用と「近代家族」規範の結びつきには、ジェンダー不平等の構造のもとで、女性を抑圧する作用があった。女性が大企業における正規雇用のメンバーシップから排除されていたことに加えて、家庭のなかでも、男性はケア責任を果たす女性に対等なまなざしを向けず、妻の言い分を「グチ（愚痴）」という言葉で片付けるようなジェンダー不平等の構図を抱え込んでいた。[*25] 石油ショック後の安定成長期になると、企業は雇用保障と引き換えに、減量経営、能力主義、長時間労働、転勤・単身赴任などを従業員に求めたため、ケア負担を免れた男性労働者でなければ対応困難な働き方へとますます傾斜していった。そのことは家庭内部の家族関係をめぐる齟齬や不和を深刻なものとし、「近代家族」が抱える困難や矛盾が露わになって、「子どもたちの反乱」「妻たちの反乱」といわれるような状況を生み出していく。[*26]

以上にみた日本型雇用と「近代家族」規範の結びつきが、ヒーブの歴史的前提にある戦後日本社会の基軸的な編成原理であった。そこでは雇用のジェンダー化と、ケアのジェンダー化がコインの裏表のような関係にあり、女性にはケアの担い手として、専業主婦という形でいわば消費の専門家という役割が強く期待された。こうしたケアのジェンダー化を背景として、企業は「ケアを担う性」だからこそ女性をヒーブとして採用し、ヒーブに「消費者のケア」を求めることとなったのである。

4　女性就業とケアの戦後史

ただし、近年の研究では、前節でみた日本型雇用と「近代家族」規範の結びつきは、戦後日本社会の基軸的な編成原理ではあるが、実態面での広がりからみれば限定的なものであったことが強調されつつある。近年の研究動向は、「家族の戦後体制」の相対化に向かう歴史分析を積み重ねる方向で、「共稼ぎ労働文化」の掘り起こしに向かっているのである。具体的には、戦後日本における専業主婦化のトレンドはたしかにあったが、しかし変化の一面にすぎないことが強調され、[*27]一九六〇年代には既婚女性の雇用労働者化も急速に進んでいたことが明らかにされた。[*28]規範の問題としても、労働力不足のなかで経済界から女性就業への期待がみられ、主婦規範を取り巻く言説も多様であった可能性が示唆されている。現在の研究状況は、地域・産業・企業による違いを踏まえた実証研究の蓄積が求められる段階にあるといえよう。[*29]

そうであるならば、「女性活躍」の歴史も、「女性の社会進出が進んだ」といった単線的な歴史理解に収まることは許されないだろう。ヒーブの位置づけを探るうえでも、こうした通俗的な歴史理解に拠ることなく、女性就業の実態に即して具体的に把握することが必要になってくる。ここではまず、共働き世帯数に関する統計の整理から始めてみたい。

表序―1は、専業主婦世帯数と共働き世帯数の推移を整理したものである。[*30]この表は、「共稼ぎ労働文化」を提起した先行研究の整理に学びつつ、視野を広げて統計を整理し直してみたものである。先行研究が「共稼ぎ」という表現を選ぶのは、「稼ぎ」に固有の意味を求めるがゆえのことであろう。女性に自己の稼得があるということの重要性に注目した用語であると思われる。その用法自体にまったく異論はないが、ここでは自営業における家族従業など、女性就業の多様性を重視して「共働き」状態であることに注目し、「女性が働き続けるのは当たり前」とする労働文化として広く捉えておきたい。自営業の比重が大きい点こそが、日本経済史の重要な歴史的特徴だからである。*31

さて、統計上の把握としては、「専業主婦」も「共働き」もその内実にいくつかのバリエーションがありうる。表序―1では、①（自営業従業者を含む）就業者であるか／（自営業従業者を含まない）非農林業雇用者であるか、という夫に関する区分と、②（自営業従業者を含む）就業者であるか／（自営業従業者でもない）非就業者であるか／（自営業従業者を含まない）非農林業雇用者であるか、という妻に関する区分をベースに、専業主婦世帯と共働き世帯をそれぞれ三パターン提示した。具体的には、「専業主婦世帯1」は夫が就業者・妻が非就業者、「専業主婦世帯2」は夫が非農林業雇用者・妻が非就業者、「専業主婦世帯3」は夫が非農林業雇用者・妻が就業非希望者という組み合わせで、「共働き世帯1」は夫も妻も就業者、「共働き世帯2」は夫も妻も非農林業雇用者、「共働き世帯3」は夫も妻も非農林業雇用者のうち妻が週三五時間以上就業する者、という組み合わせを指す。

やや煩雑にもみえる整理を行ったのは、先述した通り、「女性の社会進出が進んだ」という通

	専業主婦世帯1〔A〕		専業主婦世帯2〔B〕		専業主婦世帯3〔C〕		共働き世帯1〔D〕		共働き世帯2〔E〕		共働き世帯3〔F〕		世帯総数		専業主婦世帯割合1〔A/（A + D）〕	専業主婦世帯割合2〔B/（B + E）〕	専業主婦世帯割合3〔C/（B + E）〕
夫	就業者		非農林業雇用者		非農林業雇用者		就業者		非農林業雇用者		非農林業雇用者						
妻	非就業者		非就業者		就業非希望者		就業者		非農林業雇用者		非農林業雇用者（週35時間以上就業）						
	実数	構成比	実数	構成比	実数	構成比	実数	構成比	実数	構成比	実数	構成比	実数	構成比			
1955 年	804	44.4%	519	28.6%	—	—	745	41.1%	69	3.8%	—	—	1,812	100.0%	51.9%	88.3%	—
1960 年	917	44.0%	644	30.9%	—	—	836	40.1%	130	6.2%	—	—	2,086	100.0%	52.3%	83.2%	—
1965 年	1,108	45.6%	800	32.9%	—	—	989	40.7%	250	10.3%	—	—	2,429	100.0%	52.8%	76.2%	—
1970 年	1,104	39.3%	902	32.1%	—	—	1,121	39.9%	358	12.7%	—	—	2,809	100.0%	49.6%	71.6%	—
1980 年	1,319	36.6%	1,114	30.9%	558	15.5%	1,300	36.1%	614	17.0%	—	—	3,602	100.0%	50.4%	64.5%	32.3%
1985 年	1,103	28.9%	969	25.4%	461	12.1%	1,204	31.6%	722	18.9%	462	12.1%	3,813	100.0%	47.8%	57.3%	27.3%
1990 年	1,034	25.2%	897	21.9%	416	10.1%	1,297	31.6%	823	20.1%	507	12.4%	4,104	100.0%	44.4%	52.2%	24.2%
1995 年	1,071	24.3%	955	21.7%	498	11.3%	1,314	29.8%	908	20.6%	483	11.0%	4,411	100.0%	44.9%	51.3%	26.7%
2000 年	1,007	21.4%	895	19.0%	435	9.2%	1,333	28.3%	943	20.0%	421	8.9%	4,706	100.0%	43.0%	48.7%	23.7%
2005 年	965	19.5%	863	17.4%	613	12.4%	1,315	26.5%	988	19.9%	463	9.3%	4,957	100.0%	42.3%	46.6%	33.1%
2010 年	890	17.1%	797	15.3%	564	10.9%	1,311	25.2%	1,012	19.5%	441	8.5%	5,195	100.0%	40.4%	44.1%	31.2%
2015 年	768	14.4%	687	12.9%	485	9.1%	1,379	25.8%	1,114	20.8%	449	8.4%	5,345	100.0%	35.8%	38.1%	26.9%
2020 年	635	11.4%	564	10.1%	437	7.8%	1,530	27.4%	1,240	22.2%	483	8.7%	5,583	100.0%	29.3%	31.3%	24.2%

表序―1　専業主婦世帯数と共働き世帯数の推移（単位：万世帯）

（出所）1955 年から 1970 年までは「国勢調査報告」（特別集計結果）、1980 年から 2000 年までは「労働力調査特別調査」（1980 年は 3 月調査、2000 年は 8 月調査、その他は 2 月調査）、2005 年から 2020 年までは「労働力調査（詳細結果）」（年平均）により作成。ここでは、『国勢調査特別集計結果　世帯および家族』（総理府統計局、1970 年）、『昭和 45 年国勢調査報告　第 8 巻　特別集計結果その 1　世帯及び家族』（総理府統計局、1975 年）、「政府統計の総合窓口（e-Stat）」HP 掲載の「労働力調査特別調査」および「労働力調査（詳細集計）」結果表を利用した。世帯総数は「政府統計の総合窓口（e-Stat）」HP 掲載の「国勢調査（時系列データ）」による。

（註 1）1975 年はデータを得られない。

（註 2）「非就業者」は完全失業者と非労働力人口の合計。「就業非希望者」は非労働力人口のうち就業を希望しない者のことで、「仕事をしたいと思っていますか」の設問に「仕事をしたくない」と答えた者を指す。「世帯総数」は日本の全世帯。

俗的な戦後史理解に反省を迫るためである。先行研究はここでいう「専業主婦世帯2」と「共働き世帯2」の関係に注目し、夫がいわゆるサラリーマンの世帯に関心を寄せてきた。「近代家族」規範への関心からは正当な把握であるが、しかしそれでは社会全体の理解としては不十分であり、専業主婦が圧倒的なマジョリティであった時代が存在したかのような誤解を生みかねない。*32 産業構造の歴史的変化を踏まえるならば、雇用セクター自体の量的な変化を併せてみる必要がある。日本の戦後史はまさに自営業セクターの就業者が多い社会から、雇用セクターの就業者が多い社会へと転換していく歴史なのである。表序―1により、夫が（自営業者を含む）就業者である世帯をベースにみれば、妻が非就業者である世帯（＝「専業主婦世帯1」）と、妻が就業者である世帯（＝「共働き世帯1」）は、世帯数でみても一九八〇年まで拮抗していたことがわかる。自営業も含めて捉えれば、「女性が働き続けるのは当たり前」という労働文化が、戦後史を通じて有力なものであり続けたとみなければなるまい。*33

「家族の戦後体制」の相対化という意味では、表序―1が示す「専業主婦世帯3」も興味深い。表に注記したように、「就業非希望者」というのは、非労働力人口のうち就業を希望しない者を指すため、「専業主婦世帯3」は妻が就業を希望しないサラリーマン世帯を意味する。二〇〇五年以降とその前とでは統計の連続性がない点に注意は必要だが、一九八〇年から二〇〇〇年までは「専業主婦世帯2」に対する「専業主婦世帯3」の割合が五割前後となっている。就業を希望しない理由は不明なので、自身や子どもを含む家族に心身の不調を抱えるケースも少なくないことは予想されるが[*34]、妻が就業を希望しないことを専業主婦規範の積極的な受容の結果と読み替えることが許されるならば、労働市場から完全に撤退するという意味での専業主婦規範は、それほど強いものではなかったことが示唆されよう。

このように、「女性が働き続けるのは当たり前」という労働文化が根強いものであり続けた一方で、ケア責任は女性が引き受けるべきという性別役割分業の規範は強く、その意味での主婦役割は働く女性にも期待された。したがって、多様な女性就業のあり方をケアとの関係を含めて具体的にみていくことが重要な課題となるが、その前提として、戦後の日本社会には、家事使用人に家事労働を任せるという選択肢が事実上なくなっていったということを踏まえておく必要がある。すなわち、日本では戦前から「女中」と呼ばれた多くの家事使用人が存在し[*35]、戦後も一九五〇年代までは一定の数に上っていたが、一九六〇年代以降にその数は急減していったことが知られている[*36]。一九七〇年代にかけて「ケア労働の家族化」が進み、「ケアの女性化」が深く根を下ろしていったのである。

試みに、女性就業とケアをめぐる多様な関係を素描するべく、**表序―2**として、世帯業態別にみた平均人員と世帯構造を整理した。これによれば、世帯業態によって平均人員や世帯構造が大きく異なっていたことがわかる。世帯人員および有業人員は、多い方から、農耕世帯、自営業世帯、雇用者世帯の順になっており、三世代世帯の割合についても、農耕世帯、自営業世帯、雇用者世帯の順に多いが、自営業世帯も数のうえでは核家族が中心であった。このことは、生産労働

		平均人員		世帯構造別の世帯数構成比				世帯総数に占める世帯数の割合
		世帯人員	有業人員	三世代	核家族	単独	その他	
農耕世帯	1975年	4.81	2.89	51.6%	33.0%	1.3%	14.0%	11.7%
	1995年	4.31	2.24	48.6%	34.6%	3.2%	13.6%	7.1%
自営業世帯	1975年	3.83	2.02	21.1%	65.6%	6.4%	6.9%	15.3%
	1995年	3.34	1.97	16.6%	66.4%	9.5%	7.5%	14.0%
雇用者世帯	1975年	3.42	1.52	13.1%	70.7%	11.5%	4.7%	63.4%
	1995年	3.02	1.56	10.4%	65.7%	18.8%	5.1%	60.5%
全世帯	1975年	3.57	1.71	19.1%	62.4%	12.1%	6.4%	100.0%
	1995年	2.91	1.41	12.5%	58.9%	22.6%	6.1%	100.0%

表序―2　世帯業態別にみた平均人員と世帯構造（1975年、1995年）
（出所）「国民生活実態調査」「国民生活基礎調査」により作成。
（註1）平均人員は1世帯当たりの平均人数。
（註2）世帯業態は、まず作付可能な耕地面積（田・畑・園地）が0.3ヘクタール（北海道は0.5ヘクタール）以上の世帯を「農耕世帯」とし、0.3ヘクタール（北海道は0.5ヘクタール未満）の世帯は最多所得者を基準として、「自営業世帯」や「雇用者世帯」に分類される。総数には、全く働いていない世帯を含むその他の世帯や不詳が含まれる。

とケア労働をめぐる労働力供給のあり方が、世帯業態によって異なっていたことを示唆している。理念型として単純化すれば、農耕世帯は直系家族規範に基づく三世代同居で、女性は家族従業者としての役割も果たしつつ、ケアは姑を含む女性成員による分業で担われていた。*37 自営業世帯（非農林業）は夫が業主、妻が家族従業者で、職住一致であることも活かして、ケアは妻が自営業経営特有の自律的な裁量のなかで処理していた。*38 雇用者世帯は夫がサラリーマン、妻が専業主婦で、家計補充のために妻は稼得労働に従事することもあったが、職住分離と雇用労働のもとでは性別役割分業を受け入れる形でケア負担を専従的に処理せざるをえず、企業もそれを前提にした働き方を夫に要求したのであった。

雇用セクターにおいては、長らく女性に日本型雇用におけるメンバーシップの資格は与えられてこなかった。女性は大企業の長期雇用から明確に排除され、結婚・妊娠・出産を理由とした退職や、女性のみを若年で定年とする慣行・制度も広がっていた。[39] たとえ仕事に就いていても、性別職務分離がはっきりと存在し、女性には「職場の家事」（掃除やお茶くみ）、補助的・定型的な業務といったやりがいのない仕事が割り当てられることが多かった。[40] こうした女性の働き方は、ケアのジェンダー化と表裏一体のもので、雇用、賃金面での男女差の大きさとなって日本型雇用を特徴づけていた。佐口和郎が強調するように、なかでも高学歴女性は、特にその能力を発揮する場を得られない存在として「雇用システムの壁に直接ぶつかり、日本型雇用に「最も強力に拒絶され」た存在にほかならず、拒絶された高学歴女性は、高学歴専業主婦となる／ならざるをえない構造にあった。[41]

よく知られているように、一九八五年に成立した男女雇用機会均等法は、性別定年制を禁止したが、代わって企業の間にはコース別人事制度が普及し、職務の無限定性や転居を伴う転勤を前提とする総合職においては、女性の就業が事実上難しい状況が続いていった。前掲表序―1からもわかるように、夫も妻も雇用セクターで働く「共働き世帯2」は全体として増えていったが、そのうち妻がフルタイムの雇用者である「共働き世帯3」は現在に至るまでマジョリティとはなっていない。労働者派遣事業法（一九八五年）やパートタイム労働法（一九九三年）と相俟って、女性がパートタイム的な就労を担う形での共働きが主流になっていったからである。それは、女性がケアを負担することを前提にした働き方にほかならず、ケアの脱家族化・脱女性化がなかなか進まない状況と表裏一体のものであった。

以上にみた女性就業とケアの戦後史を踏まえると、ヒーブをめぐる就労上の問題の焦点は、女性が働き続けること一般ではなく、女性が日本型雇用のなかでメンバーシップを得るという点に関わっていたことがわかる。正規雇用・フルタイム就業で長期勤続をめざすヒーブの働き方は、ケア負担と正面からぶつかるもので、両立が著しく困難なものであった。一方で、日本型雇用に「最も強力に拒絶され」た高学歴女性にとっては、ヒーブは「雇用システムの壁」にようやく開いた小さな風穴にほかならなかった。家庭におけるケアを担う女性だからこそヒーブとして企業で活躍できる、という彼女たちの自負は、こうした困難と可能性の両面を視野に入れてはじめてよく理解できる。

　ヒーブはケア（家庭）を、キャリア（仕事）にとっての単なる負担や桎梏とは考えない。それは、均等法世代の総合職女性が抱えた「罪悪感」、すなわち仕事に打ち込みたいのに「ケアを担う性」という規範から自由にさせてもらえないという悩みからは[*42]、一見すると自由であるようにもみえる。しかし、現実問題として、日本型雇用のなかにメンバーシップを得るという働き方は、ケアとキャリアの両立に当然ながら大きな困難をもたらし、その不安や葛藤は簡単に打ち消せるものではなかった。そのなかで、いわばプレ均等法世代を擁する歴史をもち、職場に乏しいロールモデルに出会える貴重な場となったのが、日本ヒーブ協議会なのであった。

　ここまでみてくれば、「女性活躍」の歴史的系譜のなかで、あるいは、女性の就業とケアをめぐる日本の戦後史理解にとって、ヒーブが重要な検討対象であることが理解できよう。本書の課題は、ヒーブの語りに耳を傾け、その自負と葛藤に目を凝らすことのなかから、ヒーブの経験がもつ歴史的な意味を問うことである。それは、ケアを担うからこそ企業で活躍できる、という女性たちの背負った歴史性を問うことにほかならない。

5　本書の方法と構成

序論の最後に、本書の方法と構成について簡単に説明しておきたい。

本書は、文献史料から史実を明らかにするというオーソドックスな歴史分析の方法をとる。用いる文献は、日本ヒーブ協議会の刊行物と機関紙のほか、ヒーブをとりあげた図書、雑誌記事、新聞記事などで、いずれも公刊された文献、もしくは国立女性教育会館などに所蔵され広く公開されている文献である。近い過去のできごとを扱うため、一般的には当事者や所属企業に聞き取りを行うことも選択肢となりうるが、本書ではそれをあえて行わないことにした。筆者にオーラルヒストリーの素養がないことも一因だが、それ以上に、近い過去であるがゆえに、歴史叙述に制約を課される可能性が高いと思われたからである。ヒーブは歴史叙述が可能な程度には、比較的多くの文献史料を得られる対象であるため、ヒーブの経験や語りを史料から丁寧にみていくことにしたい。

他方、研究史に目を向けると、これまで日本ヒーブ協議会やヒーブを歴史的にとりあげた研究はない、といって差し支えない状況にある。[*43] 協議会自身の手による団体史に近い本はあるが、[*44] 資料としての性格が強く、その成果を歴史研究に結びつけることが必要になってくる。こうした研究状況は、ヒーブがこれまでの現代史理解では視野に入りにくい対象であったことを物語っているようにも思われる。

消費者運動を軸に描かれる消費史研究からは、[*45] 企業サイドの動きは直接にはみえにくい対象であろうし、ウーマンリブを第二波フェミニズムの軸に据える日本のフェミニズム史理解でも、[*46] 女性性を積極的に背負うヒーブは視野の外に置かれる場合が多いだろう。「ネオリベラル・ジェンダー秩序」論の観点からは、[*47] 男女雇用機会均等法の限界やパートタイム労働などの非正規労働の問題が注目され、「女性活躍」をめぐる現状を「女性の分断」の歴史から批判的に捉える理解が提示されているが、そうした理解は一面で、総合職女性の経験を「男並み化」というステレオタイプ化された語りに押し込んでしまう危険をはらんでいるようにも思われる。この問題は重要な論点を含んでいるので、本論での検討を踏まえて、「結びにかえて」にて再論したい。

本論は5章構成をとる。第1章「消費者問題の展開とヒーブの成立」では、戦後日本の消費史を概観しつつ、一九七〇年前後から日本でヒーブ（HEIB）への関心が高まるようになってから、一九七八年に日本ヒーブ連絡協議会が結成されるまでのプロセスを追う。第2章「先駆者たちのライフヒストリー」は、先駆的なヒーブを三人とりあげ、それぞれの個人史を跡づけるなかから、ケアを担うからこそ企業で活躍できる、というヒーブらしさを理解する手がかりを得る。第3章「日本ヒーブ協議会の組織と活動」では、日本ヒーブ協議会の組織と会員の実態を整理し、活動内容を概観する。そのうえで、第4章「ヒーブにとっての仕事とケア」において、ヒーブの仕事内容や職場における位置づけを詳しく検討し、ヒーブの感じる仕事のやりがいと、女性としてケアを担うことがどのような関係にあるのかを明らかにする。第5章「ヒーブにとっての子育て経験」では、協議会のなかの自主研究会として一九九一年に設立された「1・57を考える研究会」の取り組みに注目し、出産・育児と就労継続の両立をヒーブがどのように捉えていたのかを確認することを通じて、ヒーブの抱える困難や葛藤の実像を浮き彫りにしたい。

なお、歴史的アプローチをとる本書では、直接の検討対象を、日本ヒーブ協議会の会員数がピークを迎える一九九〇年代半ばまでに限定することにしたい。日本ヒーブ協議会は現在まで活動を続けているが、会員数が減少に転じて以降の歴史それ自体は、本書とは別の枠組みによる検証を要すると考えるためである。ただし、そのことは、本書の分析が「女性活躍」の現状理解と没交渉に行われることを意味しない。ヒーブ登場の背景を一九六〇年代の消費史から説き起こしたうえで、一九七八年の日本ヒーブ連絡協議会設立を経て、日本ヒーブ協議会（一九七九年改称）の会員数がピークを迎える一九九〇年代半ばまでの動向を実証的に検討するという、本書の課題それ自体のなかから、「女性活躍」の現状理解にも多くの示唆を得られると考えている。

註

＊1 「シャープ一〇〇年史」二〇一二年六月版（https://corporate.jp.sharp/100th/）、第七章、四頁。なお、本書に登場する社名と肩書きはすべて当時のものである。

＊2 近藤康子＋松尾正二郎『サントリーがお客様の声を生かせる理由』中経出版、二〇〇八年、一四頁。

＊3 『ヒーブ仕事の本――生活者視点の活かし方』日本ヒーブ協議会、一九九八年、六二頁。

＊4 大槻奈巳『職務格差――女性の活躍推進を阻む要因はなにか』勁草書房、二〇一五年、一―二頁。

＊5 ヒーブ研究部会編『ＨＥＩＢ――企業・行政・消費者の環』光生館、一九七七年、六―七頁。

＊6 日本ヒーブ協議会編『生活者と企業の豊かな関係をつくる女性たち』新水社、二〇〇四年、一一四―一一五頁。

＊7 「職業の名称は、地域、産業、または企業によって様々な呼称が使われており、同一の内容の職業であっても呼び名が異なっていたり、あるいは同一の名称であっても職務内容が異なっていたりすることがある。このように多様な職業名を職業紹介、職業指導等の実務、あるいは企業の行う採用募集活動等の実務にそのまま用いた場合、ともすると求人・求職者をはじめとして関係者の共通の理解を得られにくいといった問題が生じがちであり、いわゆる求人・求職のミスマッチが多発する原因ともなりかねない。／このため、労働省職業安定局では、昭和28年以来、全国的に実施した職務調査に基づき、同一の職務内容に応じて標準的な職業名を定めるとともに体系的な職業分類表を編成して、これによって職業に関する行政を進めており、今春にはその第３回目の改訂を行ったところである」（『労働省編職業分類

（昭和61年版）職業名索引』雇用促進事業団雇用職業総合研究所、一九八七年、「序」参照）。
＊8　「4月から新職業分類」『日本経済新聞』一九八六年二月二七日付夕刊。前掲『労働省編職業分類』二五六頁、三六三頁。職業名索引には、全体で「現在労働市場において呼称されている職業名約2万5千種」が掲載されている（「まえがき」参照）。
＊9　会員数の推移に関して詳しくは第3章、図3―1による。
＊10　回答を寄せた八三名についての結果。『企業の消費者関連部門で働く女性像――日本ヒーブ連絡協議会会員実態調査報告』日本ヒーブ連絡協議会、一九七九年、四頁。
＊11　回答を寄せた一八八についての結果。「ストレス、働く女性にズシリ」『日本経済新聞』一九九〇年八月二三日付夕刊。
＊12　「学校基本調査」による。
＊13　たとえば、上野千鶴子は、ＩＬＯ刊行の“Care Work”（二〇〇一年）による次の定義を採用する。「依存的な存在である成人または子どもの身体的かつ情緒的な要求を、それが担われ、遂行される規範的・経済的・社会的枠組のもとにおいて、満たすことに関わる行為と関係」（上野千鶴子『ケアの社会学――当事者主権の福祉社会へ』太田出版、二〇一一年、三九頁）。
＊14　落合恵美子「ケアと家族」社会経済史学会編『社会経済史学事典』丸善出版、二〇二一年、三七二―三七三頁。
＊15　大門正克「序説「生存」の歴史学――「１９３０～６０年代の日本」と現在との往還を通じて」『歴史研究』八四六号、二〇〇八年。松沢裕作『生きづらい明治社会――不安と競争の時代』岩波ジュニ

ア新書、二〇一八年。大門正克＋長谷川貴彦編著『「生きること」の問い方――歴史の現場から』日本経済評論社、二〇二二年。
＊16　そうした課題の先に、「ホモ・エコノミクス」の問い直しに向かう可能性も拓かれるように思われる。カトリーン・マルサル『アダム・スミスの夕食を作ったのは誰か？――これからの経済と女性の話』高橋璃子訳、河出書房新社、二〇二一年（原著二〇一二年）。重田園江＋桑田学「討議　エコノミーとエコロジーの思想史――経済学が不可視化したものを掘りおこす」『現代思想』「特集＝家政学の思想」（五〇巻二号）、二〇二二年。
＊17　石渡尊子『戦後大学改革と家政学』東京大学出版会、二〇二〇年。
＊18　日本家政学会編『家政学将来構想１９８４――家政学将来構想特別委員会報告書』光生館、一九八四年、三三頁。
＊19　濱口桂一郎『働く女子の運命』文春新書、二〇一五年。同『ジョブ型雇用社会とは何か――正社員体制の矛盾と転機』岩波新書、二〇二一年。
＊20　田間泰子『「近代家族」とボディ・ポリティクス』世界思想社、二〇〇六年、第三章・第四章。荻野美穂『「家族計画」への道――近代日本の生殖をめぐる政治』岩波書店、二〇〇八年、第六章。
＊21　大門正克「高度成長期の「労働力の再生産と家族の関係」をいかに分析するか――大企業社内報を主な史料として」『歴史と経済』二四七号、二〇二〇年。
＊22　木本喜美子『家族・ジェンダー・企業社会――ジェンダー・アプローチの模索』ミネルヴァ書房、一九九五年、第八章・補論二。

＊23　落合恵美子『21世紀家族へ――家族の戦後体制の見かた・超えかた』第四版、有斐閣、二〇一九年、初版一九九四年。
＊24　倉敷伸子「消費社会のなかの家族再編」安田常雄編『シリーズ戦後日本社会の歴史2　社会を消費する人びと――大衆消費社会の編成と変容』岩波書店、二〇一三年。
＊25　前掲、大門「高度成長期の「労働力の再生産と家族の関係」をいかに分析するか」。
＊26　木本喜美子「家族と企業社会――歴史的変動過程」渡辺治編『変貌する〈企業社会〉日本』旬報社、二〇〇四年。
＊27　ただし、落合恵美子も、一面で「イエ」規範の根強さが残り、イエから自由になりきれない戦後家族のありように注意を向けていた（前掲、落合『21世紀家族へ』）。
＊28　宮下さおり＋木本喜美子「女性労働者の1960年代――「働き続ける」ことと「家庭」とのせめぎあい」大門正克ほか編『高度成長の時代1　復興と離陸』大月書店、二〇一〇年。
＊29　木本喜美子編著『家族・地域のなかの女性と労働――共稼ぎ労働文化のもとで』明石書店、二〇一八年。木本喜美子「女性労働史研究の課題を再考する――「共稼ぎ労働文化」と「男性稼ぎ主労働文化」の付置連関」『大分大学経済論集』七〇巻五・六号、二〇一九年。
＊30　前掲、宮下＋木本「女性労働者の1960年代」。前掲、木本「女性労働史研究の課題を再考する」。
＊31　その意味で、宮下さおり『家族経営の労働分析――中小企業における家父長制の構造とジェンダー』（ミネルヴァ書房、二〇二二年）が強調するように、家族従業者に労働報酬を認めない制度のあり

方が鋭く問われることになろう。

＊32　たとえば、「かつての日本は夫が外で働き、妻が専業主婦として家事や育児に専念する世帯（シングルインカム）がほとんどでした。１９８０年代に入ってからは結婚後も働く女性が増え始め、90年代半ばには共働き（ダブルインカム）が主流に。」という歴史理解が、夫が雇用者のみの世帯に関する統計に基づいて語られている（孫奈美編『考えよう！女性活躍社会③データでみる女性活躍社会』汐文社、二〇一七年、一〇頁）。

＊33　この点に関わって、筒井淳也『結婚と家族のこれから――共働き社会の限界』（光文社新書、二〇一六年）は、「急激な経済発展によって、自営業・農業の衰退と雇用労働の増加の動きが重なりあったために、日本では欧米社会ほど専業主婦家庭が浸透しなかった」としている（六三頁）。ただし、日本経済史研究の立場からは、自営業が分厚く、根強く展開したことは、日本経済の構造的特徴であり、経済発展の「急激」さだけには解消できない類型的特質として理解されるべきものである（沢井実＋谷本雅之『日本経済史――近世から現代まで』有斐閣、二〇一六年、三頁）。

＊34　二〇一〇年代に関しては、さまざまな事情を抱えて就業が困難な既婚女性の間に、専業主婦規範の受容がみられたことが確認されている（周燕飛『貧困専業主婦』新潮選書、二〇一九年）。

＊35　尾高煌之助「二重構造」中村隆英＋尾高煌之助編『日本経済史6　二重構造』岩波書店、一九八九年。清水美知子『〈女中〉イメージの家庭文化史』世界思想社、二〇〇四年。

＊36　定松文「日本における家事労働の市場化と分断された家事労働者――家事労働者史からみる国家戦略特区の外国人家事労働者」伊藤るり編著『家事労働の国際社会学――ディーセント・ワークを求め

て』人文書院、二〇二〇年。

＊37　谷本雅之「家事労働の比較経済史へ向けて」浅田進史ほか編著『グローバル経済史にジェンダー視点を接続する』日本経済評論社、二〇二〇年。倉敷伸子「近代家族規範受容の重層性——専業農家経営解体期の女性就業と主婦・母親役割」『年報日本現代史』一二号、二〇〇七年。

＊38　天野正子「零細企業における主婦の役割構造」『国民金融公庫調査月報』二六四号、一九八三年。同「零細小売業主婦の労働と意識——零細小売業の存立条件についての第一次調査から」『金城学院大学論集』一〇五号（社会科学編二六）、一九八三年。同「小規模自営業で働く主婦の労働と生活過程——家業従事の「積極性」と「消極性」のメカニズム」『国民金融公庫調査月報』二九七号、一九八六年。

＊39　大森真紀『性別定年制の史的研究——1950年代～1980年代』法律文化社、二〇二一年。

＊40　熊沢誠『女性労働と企業社会』岩波新書、二〇〇〇年。

＊41　佐口和郎「福祉社会と雇用——一九六〇年代後半の経験を中心に」佐口和郎＋中川清編著『福祉社会の歴史——伝統と変容』ミネルヴァ書房、二〇〇五年、一五七—一五八頁。

＊42　浜田敬子『働く女子と罪悪感——「こうあるべき」から離れたら、もっと仕事は楽しくなる』集英社、二〇一八年。

＊43　満薗勇「ヒーブ（ＨＥＩＢ）の日本的展開をめぐって——消費・ジェンダー・企業社会」（『現代思想』五〇巻二号、二〇二二年）は、本書につながる研究の端緒となった論稿である。

＊44　前掲、日本ヒーブ協議会編『生活者と企業の豊かな関係をつくる女性たち』。

＊45　原山浩介『消費者の戦後史——闇市から主婦の時代へ』日本経済評論社、二〇一一年。

＊46 『現代思想』「総特集＝フェミニズムの現在」（四八巻四号）、二〇二〇年。井上輝子『日本のフェミニズム——150年の人と思想』有斐閣、二〇二一年。

＊47 菊地夏野『日本のポストフェミニズム——「女子力」とネオリベラリズム』大月書店、二〇一九年。

第1章

消費者問題の展開とヒーブの成立

アメリカにおけるＨＥＩＢの動向は、一九七〇年前後から日本に紹介されるようになり、そこから日本ヒーブ連絡協議会の結成（一九七八年）に至るまでにはタイムラグがあった。ＨＥＩＢの主要な紹介者の一人でもある経済評論家の高原須美子は、そうしたタイムラグを踏まえて、日本におけるヒーブの成立過程には、消費者問題への対応とマーケティング上の課題が折り重なっていたという見立てを示している。[*1] 一九七〇年前後は日本における消費者運動の一つのピークであったが、その後の石油ショックを経たことで、日本企業は、モノが売れない低成長の時代にどう対応するかという新たな課題に取り組むことになったからである。

本章の課題は、こうした高原須美子の見立てを念頭に置きつつ、ヒーブ（ＨＥＩＢ）への関心が高まっていく歴史を位置づけ、一九七八年に日本ヒーブ連絡協議会が結成されるまでのプロセスを明らかにすることにある。主な論点は、次の二つにまとめられる。

一つは、消費者問題の展開を踏まえたヒーブの歴史的位置づけについてである。具体的には、一九六〇年代の「消費革命」状況から一九七〇年代初頭にかけての消費者運動を概観し、企業がどのようにして消費者運動への対応を迫られるに至ったのかを確認する。そこには、企業の利害と消費者の利益との関係をどう結び直していくかという問題が横たわっていた。

もう一つは、ヒーブ（ＨＥＩＢ）をめぐる日米の違いについてである。序論でも説明した通り、アメリカのＨＥＩＢは企業内家政学士と訳され、正式にはアメリカ家政学会に置かれた専門部会のメンバーを指すが、日本のヒーブは家政学士に限定せず、家政学会に足場をおかず、しかし女性に限定するという形で定着をみた。どのような背景でこうした違いが生まれ、そのことをめぐってどんな議論が交わされていたのかを確認しなくてはなるまい。

以上を踏まえて、日本ヒーブ連絡協議会の結成に至る歴史的プロセスを追っていきたい。

1　消費者問題の歴史的展開

戦後日本の高度経済成長に伴う生活の大きな変化は、「消費革命」という言葉で表現された。「消費革命」という用語は、『国民生活白書』一九五九年版で使用されたことを契機として広まった。[*2] そこでは、消費の量的な拡大とともに、消費の質的充実を構造的変化という観点から捉えていた。「革命」と呼ぶべき質的な変化としては、技術革新が消費財分野にまで広く及ぶようになった点が重要である。それは、化学製品（合成繊維、プラスチック）、電化製品、加工製品（インスタント食品、既製服）など、高度で複雑な工業製品が次々と家庭のなかへと入り込んでくるようになる、という新たな性格の変化であった。大企業による消費財の大量生産は、それを消費に向かわせる広告・マーケティングの活動を活発なものとし、人びとの欲望を喚起するさまざまな仕掛けが張り巡らされることにもなった。

家計の側からみると、一九六〇年代には消費水準の向上をたしかに実感できる一方で、そうした高度で複雑な未知の工業製品に対しては、従来の生活経験が通用しないため、さまざまな危険や不安が伴うことにもなった。一九六〇年代は大幅な物価上昇の時代でもあり、実質賃金はたしかに上昇していったが、インフレは貯蓄の目減りをもたらすことになったから、中長期的な家計管理は常に見直しを迫られるものとなった。人びとの消費生活の面からみれば、一九六〇年代における「消費革命」は、決して明るいバラ色一色の変化だったのではなく、激しい変動のなかで、固有の不安や不安定性を抱え込むものでもあったのである。[*3]

「消費」や「消費者」という言葉は、明治時代から経済学の用語としては定着しており、一九二〇年代から三〇年代にかけては消費組合運動などでも広く使われたが、[*4]消費者主権の理念が日本に紹介され、日常生活を送る人びとが広く「消費者としての私」という意識をもつようになるのは、一九六〇年代以降のことであった。一九五五年に設立された日本生産性本部は、海外視察団の報告書のなかで、アメリカの「消費は美徳」「消費者は王様」といった考えを日本に紹介し、[*5]一九六〇年には消費者教育専門視察団をアメリカに派遣した。[*6]一九六二年には、アメリカのケネディ大統領による「消費者の利益保護に関する大統領特別教書」の内容が日本でも報じられ、[*7]①安全を求める権利、②知らされる権利、③選ぶ権利、④意見を聞いてもらう権利、という「消費者の権利」の考え方が知られるようになった。

こうした時代状況のなかで、主婦連合会（一九四八年結成）、日本生活協同組合連合会（一九五一年創立）、全国消費者団体連絡会（一九五六年結成）、日本消費者協会（一九六一年設立）

などの消費者団体によって、消費者運動が取り組まれていった（表1―1）。

このうち、一九六〇年代における消費者運動を特徴づけるのは、日本消費者協会による活動である。日本消費者協会は、商品テスト事業とともに、家庭の主婦に向けて「買いもの上手」たる「かしこい消費者」になるよう、活発な啓発に取り組んでいた。[*8] 日本消費者協会は日本生産性本部を母体に設立され、通商産業省による補助・支援を受けて運営されていた。興味深いことに、その運動の理念は、経済成長という目標と深く結びついており、消費者が正しい知識と判断力を身につけることが日本企業の商品・サービスを向上させ、そのことを通して消費者も経済成長に貢献できるようになる、という志向を有していた。[*9]

それに対して、一九七〇年代の消費者運動は、企業との対抗という性格を強めたり、経済成長を求めようとする価値自体を問い直したりする方向へと展開していった。

たとえば、「矢文」による告発という過激なスタイルの運動を展開した日本消費者連盟は、一九六九年に創立委員会を創設、一九七四年に個人会員制の組織で正式に発足し、大企業にも臆さず、国会やマスコミを使って問題をセンセーショナルに取り上げる手法で注目された。[*10] また、一九七〇年から七一年に主要消費者団体が取り組んだカラーテレビ買い控え運動は、日本の大手家電メーカーによるカラーテレビの販売価格について、実態のない「定価」によるヤミ再販として問題視するものであったが、メーカーがカラーテレビの値下げを受け入れたことでようやく終息に至った。そのほか、公害問題を背景として、環境や食の安全性への関心も高まって、有機農

1948年	主婦連合会の結成
1955年	森永ヒ素ミルク事件
1956年	全国消費者団体連絡会の結成
1958年	日本生産性本部（55年発足）内に「消費者教育委員会」設置
1961年	財団法人日本消費者協会の設立
1962年	管理栄養士制度の創設 消費生活コンサルタント制度の開始（日本消費者協会） 国民生活研究所の設置
1964年	新生活運動協会（55年発足）による生活学校運動が始まる
1968年	消費者保護基本法の制定 カネミ油症事件
1969年	日本消費者連盟創立委員会の結成
1970年	国民生活センターの設立（国民生活研究所が前身） 消費者団体がカラーテレビの買い控え運動
1971年	衣料管理士制度の発足 消費者団体が再販商品のボイコット運動
1974年	**第1回「日米HEIB会議」開催** 消費生活相談員制度の開始（国民生活センター）
1976年	米国HEIB視察団渡米
1978年	**日本ヒーブ連絡協議会設立総会**
1979年	第1回日本家政学会「ヒーブ部会」との懇談会 **日本ヒーブ協議会と改称**
1980年	消費生活アドバイザー制度の開始（通商産業省） ACAP（消費者関連専門家会議）の発足（85年社団法人へ）

表1―1　消費者問題の展開とヒーブ関連年表
（出所）国民生活センター編『戦後消費者運動史』大蔵省印刷局、1997年、日本家政学会編『消費者問題と家政学――ヒーブ問題特別委員会報告書』光生館、1985年により作成。

業や合成洗剤追放などへその取り組みが広がり、[*11] 生活クラブ生協による消費「材」の開発など、[*12] 経済成長や利潤追求そのものを根源的に問い直そうとする運動も広がっていった。

これら一九七〇年代の消費者運動は、企業の利害が優先される社会のあり方自体を批判し、生活の質をめぐる価値そのものを深く問う射程をもっていた。公害問題や住民運動への取り組みも広く展開する時代状況のなかで、[*13] 企業や財界はそうした消費者による企業不振を社会的緊張の高まりとして捉え、深刻な危機として受けとめざるをえなかった。[*14] 実際に、一九七三年には経済同友会が「社会と企業の相互信頼の確立を求めて」という提言を発表し、「消費者・地域住民など外部の社会集団による建設的な批判については、それを率直に受けとめるなど、正当なチェック・アンド・バランス機能が働くよう前向きに対処する」という方策を示している。[*15]

日本でＨＥＩＢへの関心が高まったのは、企業がこうした消費者運動との鋭い緊張に直面していた時期のことであった。

2　ＨＥＩＢの先駆的紹介

アメリカのＨＥＩＢが日本に紹介されるようになったのは、一九七〇年前後からのことで、なかでも、秋山ちえ子と高原須美子の動きは、日本ヒーブ連絡協議会の発足へと連なるものであった。[*16]

秋山ちえ子（一九一七年生まれ・二〇一六年没）は、評論家、エッセイストで、ラジオ「秋山ちえ子の談話室」（一九五七―二〇〇五年）でも知られる。ＨＥＩＢとの出会いについては、次のような回想を残している。[*17]

私が「ヒーブ」という言葉に出あったのは１９６８年の夏でした。〔…〕ジョンソンワックス社の企画「奥様使節」と一緒にウイスコンシン州の小都市、ラシーンに行き、ここで「ヒーブ」と名のる方々の接待を受けました。企業内にいて、消費者の立場で仕事をするという「ヒーブ」の仕事に対して、私自身が十分な理解と納得がいくのに3年かかりました。

後述するように、ジョンソン・ワックス社は、ヒーブの導入において重要な役割を果たしていくことになる。

一方、高原須美子（一九三三年生まれ・二〇〇一年没）は、経済評論家・政治家として知られ、一橋大学商学部を卒業後、一九五六年に毎日新聞社へ入社、一九六三年に結婚・退社し、経済評論家として活動していく。一九八九年には経済企画庁長官となり、女性で初めて民間人閣僚となったことでも知られ、一九九八年にはプロ野球のセ・リーグ会長にも就いた。著書には『男性経済論への挑戦』（一九七九年）のほか、『女は三度老いを生きる』（一九八一年）などがあり、女性の視点から経済を語れる（当時としては数少ない）論客の一人として、活躍の場を広げていった。

日本にＨＥＩＢが広く知られるきっかけの一つとなったのは、高原須美子による「消費者と企業を結ぶ環　ホーム・エコノミスト」という一九七二年の雑誌記事であった。[*18] 以下、詳しくその内容をみておきたい。

記事では、まず、日本でも「消費者パワー」が生産・販売活動の転換を迫りつつあるとして、カラーテレビ買い控え運動によるコンシューマリズムの高まりに注意を促している。企業側にとっても作れば売れる時代は終わり、消費者とのコミュニケーションが必要になったとされ、消費者の多様な欲求を企業が常に吸収し、それに見合った商品・情報を提供することが不可欠になると説く。その含意は、マス媒体や折り込み広告に依存してきた従来型のコミュニケーションでは限界がある、というもので、そうした限界を乗り越える動きとして、アメリカにおける企業内ホームエコノミスト（＝ＨＥＩＢ）の事例が紹介される。

高原の紹介によれば、住まい用洗剤メーカーのジョンソン・ワックス社には、三人のホームエコノミストがおり、うち二人は消費者教育部、一人はテクニカル・サービス部に属していた。製品の使い方だけでなく、住まいの手入れや家庭管理のトータル・プログラムを提供し、そこでのホームエコノミストの役割は、消費者の声を受けとめて企業側に伝えることにあった。消費者からの問い合わせや苦情には、消費者サービス部が応じ、スタッフの判断を超える内容はテクニカル・サービス部に回されて、そこにいるホームエコノミストが技術的検討や問題解決にあたるのだという。

記事ではほかにも、耐熱性ガラスの料理器具を扱うコーニン・グラス社の事例と、食品を扱うピルズ・ベリー社の事例が紹介されている。コーニン・グラス社には、コンシューマー・アフェア部にホームエコノミストが所属し、製品の使用法・手入れ法のマニュアル作成や、レシピの開発と情報提供を担当している。テスト・キッチンで家庭の台所と同じ条件で商品テストを行ったり、消費者からの手紙を受け取って返事を出したりすることも、ホームエコノミストの役割だという。ピルズ・ベリー社のホームエコノミストは、レシピの試作、競合商品のテスト、ラベルの指示、消費者の意向調査などにあたり、パッケージの開けやすさや説明の読みやすさなどもチェックしている。

こうした事例紹介から、高原は、企業内ホームエコノミストの役割を次の五つに整理している。すなわち、①企業からの情報（製品情報と消費者教育）を消費者にわかりやすく伝えること、②消費者の苦情・問い合わせにこたえること、③製品の使用法・手入れ法などを消費者の立場でテストすること、④消費者のニーズにこたえた新製品の開発・既存製品の改良を行うこと、⑤消費者の声を企業にフィードバックすること、というものである。そのうえで、これらの役割は、企業のなかで十分な権限と責任をもたなければ発揮できないとして、実際に、各社の事例では、ホームエコノミストがマネージャー（管理職）のポジションを得ていたことが強調されている。それに対して、日本企業にはホームエコノミストを取り入れる動きがまだ乏しく、そこには、企業サイドの認識不足に加え、日本の家政学・家政学部の内容不足という問題があり、今後は女性自身の自覚を促すことも必要である、という内容で高原の記事は結ばれている。

いずれも要領を得た指摘であり、この高原の記事が、ＨＥＩＢへの関心を高めるきっかけになったというのもよく理解できる。そこで指摘された日米におけるさまざまな違いについては、次にみる日米ＨＥＩＢ会議を通じて、よりいっそう明確に認識されるようになっていく。

3　日米ＨＥＩＢ会議の開催

日本企業のなかで「ヒーブ」の呼称を用いた採用活動は、一九七二年に始まったとされる。[19] 同年、森永製菓では、女子大学の家政学部食物学科卒業生一名を「ヒーブ」と呼んで採用し、日魯漁業では、社内の女性職員のなかからヒーブとして一〇名を募集したという。高原による先の紹介記事も一九七二年に出たものであったから、一九七〇年代初頭にはヒーブ導入の気運が高まり始めていたことを物語っていよう。さらにその気運を高める重要な契機となったのが、日米ＨＥＩＢ会議の開催であった。

第一回目の日米ＨＥＩＢ会議は、一九七四年一〇月一一日に開催された。主催は社会開発総合研究所で、[20] 経済企画庁、日本家政学会、ニッポン放送の後援を得て、経団連会館会議室（東京・大手町）を会場に開かれた。この会議は、米国ジョンソン・ワックス社の日本法人がアメリカのＨＥＩＢを日本に招く機会を捉えたもので、[21] ＨＥＩＢ招聘自体は、「訪米奥さま使節団」（第七回）の見返り使節として企画された。「奥さま使節団」とは、主婦や家庭科の教師をアメリカに派遣する事業として一九五九年に開始されたもので、秋山ちえ子とＨＥＩＢとの出会いも「奥さま使節団」を機縁としていたことは、先の回想にあった通りである。

第一回日米ＨＥＩＢ会議には、企業から六〇名程度、報道陣、消費者行政関係者、学識者などを合わせて約二四〇名に上る参加者があった。ＨＥＩＢそのものの認知度はまだ低い状況にあっため、「事務局としては、関心を示しそうなめぼしき企業に大いに勧誘をしてまわった」のだという。[*22] 会議の様子は新聞・雑誌などのメディアに報じられ、日本企業がヒーブへの関心を高める重要な契機となった。

表1―2は、第一回日米HEIB会議のプログラムを示したものである。アメリカの代表的なホームエコノミスト一三名を迎えたプログラムで、うちHEIBは四名を数える。これらのHEIBはいずれも女性で、副社長、部長、課長の地位にある人物であった。それに対して、日本側の登壇者も一三名であったが、HEIBに相当する者はいなかった。

具体的にみると、登壇者のなかで、松島千代野はアメリカのHEIBを研究する家政学者であった。山本松代は農林省生活改善課の初代課長を務めた人物として知られ、一九七〇年から七四年には国際家政学会副会長も務めていた。碧海酉癸は一九五五年に東京大学を卒業後、TBSを一九六七年に退社して渡米、一九七〇年に帰国し、「米国滞在から帰国後、その生活体験を新聞や雑誌に執筆するうち、ヒーブを作る活動に誘われた」という。[*23] ただし、碧海は協議会発足後は会員とならず、顧問に名を連ねるにとどまった。これら松島、山本、碧海の三人は、HEIBには該当しないものの、ヒーブとの関係は深い人物であったといえよう。

そのほか、広告代理店・日放会長の肩書きで名を連ねる税所百合子は、「国際的キャリアウーマン」といわれる女性実業家で、『キャリア・ウーマン』（原著一九七七年）の翻訳紹介者としても知られる。[*24] 丸山直子は、西武流通グループが一九七三年に設立した商品科学研究所に所属していた。[*25] 石原一子は、一九五二年に東京商科大学（一橋大学）を卒業後、百貨店の髙島屋に入社、一九七九年には同社の取締役広報室長となるなど、キャリアを切り拓いた女性として著名であった。石原がこの会議に誘われたのは、「日本側にイン・ビジネス、百貨店のような企業の中で働いている女の人が必要だからどうしても出てこいということで」という事情のようで、[*26] ヒーブへの関心は乏しかった。事実、協議会発足後も石原は活動に加わっていない。

以上、まだ実態が乏しい日本側は人選に苦慮し、「ヒーブという専門職がない国柄を映して、お相手役の選択にも苦心の跡が見られる顔ぶれではあった」と報じられていた。[*27]

それでも、日本側が用意した会議の趣旨文からは、消費者問題をめぐる状況を危機感をもって受けとめていたことがうかがえる。[*28] すなわち、「日米両国は高度工業化社会の成熟とともに急速な社会変動が進行」するなかで、ともに消費者の意識と行動が変化した結果、企業と消費者とのギャップが対立へと発展し、「次第に信頼関係の崩壊、更に社会不安へと発展する兆候すらみられる」。そこで求められるものこそが、「生産者と消費者の関係を適確に調整できるコーディネーション・システムの確立」であり、その役割をＨＥＩＢが果たすものと位置づけられているのである。先にみた一九七〇年代の社会的緊張をめぐる時代状況に、たしかに呼応する趣旨文であったといえよう。

会議のなかでは、アメリカにおけるＨＥＩＢの概要やその企業内での役割、家政学教育のあり方などが主要なトピックとなり、総じてＨＥＩＢの基本的な性格をめぐる議論が展開された。

統一テーマ	「新しい社会的機能としてのコンシューマー・アクティビティーを求めて」	
【全体会議】		
テーマ	「日米における消費者活動の新しい展開」	
コーディネーター	山本松代	生活指標研究所所長
パネリスト	B・クラブトゥリー	ミズリー大学家政学部（生活改良普及部）准部長
	H・L・ヒルトン	アイオワ州立大学家政学部長
	J・H・シュメルツアー	全米企業内ホームエコノミスト協会会長、FMC社消費者教育部長
	松島千代野	共立女子大学家政学部教授
	石原一子	髙島屋第五営業部長
	税所百合子	日放会長
【分科会】		
第一分科会	「消費者行動の日米の違い」	
コーディネーター	柳治郎	ニッポン放送コミュニケーション研究センター所長
パネリスト	E・S・コファー	ノースカロライナ州立大学教授
	M・E・マクファーランド	アメリカ家政学協会役員など歴任
	A・F・ラッシュ	ハウスホールド・イクイップメント誌編集記者
	山本松代	生活指標研究所所長
	高田ユリ	主婦連副会長
第二分科会	「消費者運動と企業の社会的責任」	
コーディネーター	山崎和男	社会開発総合研究所常務理事
パネリスト	M・K・オーバーホルト	アメリカ家政学協会出版部長、「ホームエコノミクス・ジャーナル」誌編集記者
	J・スターレット	前アメリカ家政学協会の初・中・成人教育部議長
	P・グリーガー	米国ジョンソン社消費者教育課長
	及川昭伍	経済企画庁消費者行政課長
	高原須美子	評論家
第三分科会	「HEIBの活動分野と企業内での役割り」	
コーディネーター	税所百合子	日放会長
パネリスト	C・ハンセン	米国ジョンソン社消費者教育・サービス部部長
	J・H・シュメルツアー	全米企業内ホームエコノミスト協会会長、FMC社消費者教育部長
	S・セントマリー	前アメリカ家政学協会会長、JCペニー社消費者部長
	丸山直子	商品科学研究所消費者サービス部
	碧海酉癸	ファミリースクール国際教養教室講師
第四分科会	「家政学教育の現状と将来（HEIB教育も含めて）」	
コーディネーター	宇川和子	日本女子大学家政学部教授
パネリスト	H・L・ヒルトン	アイオワ州立大学家政学部長
	R・L・ヨーマン	セントラルミズリー州立家政学部長
	B・E・ホーリン	オレゴン州立大学家政学部長
	横山光子	杉野女子大学家政学部教授
	松島千代野	共立女子大学家政学部教授

表1―2　第1回日米HEIB会議プログラム（1974年10月11日）
（出所）ヒーブ研究部会編『HEIB――企業・行政・消費者の環』光生館、1980年、196-198頁、日本家政学会編『消費者問題と家政学――ヒーブ問題特別委員会報告書』光生館、1985年、18-21頁により作成。

たとえば、企業と消費者との関係をめぐって、日本の企業代表者からは、「しょせん企業と消費者は相対するもの。その間にはさまれたジレンマをどうするのか」という質問が上がった。これに対して、S・セントマリー（J・C・ペニー社副社長兼消費者部長）は、「消費者は製品に不満があれば黙っていない。企業も消費者の声を無視して、不満の出るような製品をいつまでも作っていたらたちまちつぶれてしまうでしょう」と答え、C・ハンセン（ジョンソン社消費者教育・サービス部長）も「その場合は退社して、もっと意識の高い会社に移ります」と応じている。[29]こうした回答は、アメリカのHEIBがいわゆるジョブ型雇用のもとにあって、企業横断的な移動が活発なアメリカの労働市場を前提とするものであったことを示唆しており、日本企業にHEIBの導入が困難であることを感じさせるものであった。長期雇用・年功賃金・企業別組合を前提とした日本企業では、その従業員が自社の企業の論理を相対化することは、それだけ難しくなるからである。

また、女性の勤続をめぐって、日本のある繊維会社の男性幹部は、次のように質問した。[30]

日本の家政学部出身者をそういう部門に採用しても、役に立つとは思えない。だから入社後企業が徹底的に教育しなければ使えないと思うが、せっかく教育してもせいぜい二、三年でやめてしまう。このへんをアメリカの企業ではどう解決しているのだろうこの質問に対して、Ｊ・シュメルツアー（ＦＭＣ社消費者教育部長）は、「それでは逆に質問させて下さい。優秀な男性社員を引きとめておくためにはあなたの会社ではどういう手段をとっているのですか」と返答している。このやりとりは、家政学教育のあり方とともに、日本企業に雇用のジェンダー化をめぐる大きな問題が横たわっていることを明らかにするもので、女性の勤続という観点からも、日本型雇用のもとでＨＥＩＢの導入が難しいことを感じさせるものであった。

そのほか、会議の模様は新聞や雑誌でさまざまに報じられ、なかでも、日本消費者協会の機関誌は、家政学のあり方に焦点を当てて次のように指摘している。[*31]

実社会と結びついた〔アメリカの〕家政学のあり方をもっと見習う必要がある〔…〕。日本で家政学というと、いまだに花嫁修業のイメージをぬぐえない。家政学の方からは、専攻者に就職の機会が乏しいのだという反論も出るであろうが、家政学の側の時代に適応した脱皮、転換が遅々として進んでいないのも事実のようだ。

こうした家政学の問題は重要な焦点の一つであり、日本家政学会の動向とともに後述したい。

さらに、より根本的な批判として、消費者雑誌『消費と生活』には、「卒直な感想をいわせて貰えばなんだこれは、販売促進の手段としての研究会じゃないか」という参加者の声が寄せられた。そこでは、「大量生産―大量消費の渦の中で主体性を失い、企業のマーケッティング戦略に奔弄されている消費者大衆を、売り手の側に立ち、〝加害者〟的立場で浪費を増調させてきたことに対する認識と反省がない」という厳しい批判が加えられている。[*32] 先にみた趣旨文は一九七〇年代の社会的緊張に呼応する内容を含んでいたが、会議のプログラムからは、消費者運動が到達した問いの深さに応える内容が感じられなかったのであろう。

さて、そこから三年後の一九七七年一〇月四日に、第二回目となる日米HEIB会議が開催された。主催はジョンソン社で、日本家政学会とアメリカ大使館の後援を得て、経団連会館国際会議場を会場に開かれた。[*33] 日本側の参加者は約三〇〇名と盛況で、それも一〇〇名程度の参加申し込みを断ったうえでのことであったという。[*34] 日本企業のなかに、HEIBへの関心がいっそう高まっていたことがうかがえよう。

第二回日米HEIB会議のプログラムと登壇者は、**表1―3**にまとめた通りである。アメリカから一二名のホームエコノミストを迎えたのに対して、日本側は第一回会議のメンバーと一部重複もみられ、またも人選に難航していた様子がうかがえる。プログラムについては、第一回会議よりもHEIBの具体的な活動に踏み込んだ内容となっていたが、質疑応答では、やはりHEIBの基本的な性格をめぐる議論が焦点となった。

注目すべきは、その議論のなかで、最終的にはHEIBの存在が販売促進につながるという理解が強調されたことである。[*35] たとえば、アメリカのHEIBであるK・シーライト（レッド・アウル・ストアーズ消費者問題担当副社長）は、次のように述べている。

【全体会議】		
総合司会	秋山ちえ子	
講演①	「アメリカ社会におけるホーム・エコノミストの役割り」	
講師	ノーリーン・マコーミック	オハイオ州立大学家政学部生活改良普及部副部長
講演②	「消費者部門で働く HEIB の役割り、責任、権限」	
講師	D・ホートランド	クラフト社消費者問題担当副社長
【分科会】		
分科会①	「HEIB 教育と HEIB の仕事」	
司会	松島千代野	共立女子大学教授
アシスタント	木村静枝	相模女子大学教授
パネリスト	N・アルバネス	ノースカロライナ大学家政部長
	N・マコーミック	オハイオ州立大学家政学部生活改良普及部副部長
	S・ニコルス	オクラホマ州立大学家政学部助教授
	P・グリーガー	ジョンソン社消費者教育課長
分科会②	「消費者教育・消費者サービスに HEIB がどのように活躍しているか」	
司会	高原須美子	評論家
アシスタント	碧海酉癸	波多野ファミリースクール婦人研修部長
パネリスト	K・シーライト	レッド・アウル・ストアーズ消費者問題担当副社長
	J・フェルメス	ホワイト・ウェスティングハウス社家政学研究所所長
	D・イービー	ベターホームズ・アンド・ガーデン誌編集部長
	C・ハンセン	ジョンソン社消費者教育・サービス部長
分科会③	「製品チェック・使用テスト・製品企画に HEIB がどのように活躍しているか」	
司会	三枝佐枝子	評論家・商品科学研究所所長
アシスタント	丸山直子	商品科学研究所荻窪テストキッチン・コア・チーフ
パネリスト	Z・コールソン	グッド・ハウスキーピング誌研究所所長
	D・ホーランド	クラフト社消費者問題担当副社長
	J・ハミルトン	シンガー社消費者部部長
	B・ブルム	マーチャンダイジング・グループ社副社長

表1—3　第 2 回日米 HEIB 会議プログラム（1977 年 10 月 4 日）
（出所）篠崎悦子「岐路に立つ日本型ヒーブ――第二回日米 HEIB 会議から」『潮流』6 巻 11 号、1977 年、67-71 頁により作成。

われわれは企業の一員であり、最大の関心はいかに利益をあげるかにある。ヒーブの役割も最終的には販売促進につながり、企業に貢献することにあるのはもちろんだ。ただヒーブは、なにか問題が起こったとき、その解決のために消費者の声を代弁してくれるものと消費者から期待され、信頼されており、またわれわれもそれに応えている

これには、J・フェルメス（ホワイト・ウェスティングハウス社家政学研究所所長）も、「長い目でみれば、企業利益と消費者の利益は対立するものではない。消費者をミスリードすることは、ビジネスをもミスリードすることになるという哲学を企業はもっている」と応じている。

こうした見解は、究極的には企業の利益は消費者の利益と一致するという理念のもとに、HEIBの役割を販売促進的な側面に引きつけた形で理解するものであった。日本企業からみれば、HEIB理解は受容しやすいものであったに違いない。実際に、石油ショックを経た低成長下のマーケティングという課題に日本企業が取り組むなかで、日本的なヒーブが広く展開していくこととなったのである。

4　日本ヒーブ連絡協議会の結成

日本ヒーブ連絡協議会の結成に先立ち、社会開発研究所[36]によるＨＥＩＢ養成の構想があった。最終的にその構想が形になることはなかったが、その経過には興味深い論点が含まれているため、まずはその構想の帰結を確認しておくことにしたい。

具体的な経緯としては、社会開発研究所が一九七五年に日本ＨＥＩＢ協会の設立計画案を作成し[37]、その後、前出の山本松代がこの計画に加わり、まず「生活優先の価値転換」が必要との立場を打ち出した。この動きは、一九七六年一月には「総合生活開発センター」設立構想として具体化し、ＨＥＩＢ養成のカリキュラム開発と研修、ＨＥＩＢの経験交流、企業への専門家派遣などを担うセンターの設立が計画された[38]。

しかし、一九七六年一〇月には、めざすべきＨＥＩＢの方向性をめぐって、「山本松代氏らの、あくまで消費者の立場から企業の体質転換をめざそうとする消費者団体中心の理念派と、他方では企業の消費者問題を実際に扱いながらノウハウを蓄積していこうという社会開発研究所を中心とした実務派に分裂」し、この構想は頓挫した[39]。その後、山本松代は独自に構想を練って一九七七年四月に「総合生活研究開発センター」を設立し、アメリカ視察によるＨＥＩＢの調査、消費者問題についてのフォーラムの開催などを行ったが、日本におけるヒーブの受け皿とはならなかった。

ここにみられる対立は、生活の質を深く問う消費者運動にどう向き合うかをめぐって、消費者団体と企業との間で、いわば消費者の争奪がみられたことを物語っている。しかしながら、ヒーブに企業社会の価値自体を問い直す役割をどこまで期待するのか、というそこでの重要な問いは、以後、ヒーブに販売促進的な役割を期待する企業側の動きによって押し流されていくことになる。実際のところ、日本ヒーブ連絡協議会の結成に至る動きは、以下にみるように、企業サイドの主導によって進められた意味合いの強いものであった。

日本ヒーブ連絡協議会が結成されたのは、一九七八年九月のことであった。ジョンソン社の松尾正弘（広報室長）によれば、第二回日米ＨＥＩＢ会議の終了後、次回の会議をどうすべきかを話し合うなかで、「次回はアメリカと日本のヒーブが同じ立場で議論することが必要ではないかという結論になったが、それでは日本に対等に議論できるヒーブがいるだろうかということになると誰もが首をかしげざるを得ない状況だった」ものの、「それでも東京電力の篠崎さん、レックの長田さん、花王の八木さん、ソニーの落合さんなどを中心に何度も話し合いを持ち、日本ヒーブ連絡協議会の結成を呼びかけてみようということになった」のだという。[*40] 東京電力の篠崎悦子、レックの長田道子、花王の八木茂子、ソニーの落合良は、いずれもすでに各社でヒーブ的な役割を担っており、後の協議会活動を担う中心的なメンバーとなった人物である。

松尾の回想によれば、一九七八年の「夏のはじめには全国の上場企業を中心に呼びかけのダイレクト・メールを」送ったところ、「二〇人から三〇人の予想に反して、九月の設立総会までに味の素などの食品、資生堂などの化粧品、イトーヨーカ堂などの流通などをはじめ約八〇社から一一八名の女性が参加し、盛大な設立総会が催され」ることになったという。[*41] この「呼びかけのダイレクト・メール」には、協議会の性格が以下のように説明されていた。[*42]

まず、参加資格に関しては、「(1) 企業の消費者部門、広報部門、テスト部門、研究部門、マーケティング部門、製品開発部門など消費者関連部門で働いている女性。学歴、年令は問わない。(2) その他協議会で認めた人」とされた。家政学士に限定せず、家政学会に足場を設けず、しかし女性に限定するという日本的なヒーブの要件は、これを端緒とするものである。

協議会の目的については、「消費者と企業のパイプ役として有効な仕事をするため研究会を開催し、知識・意識および能力の向上・発展をはかる」とされ、運営に関しては、「(1) 月1回の研究会をもつ。(2) 幹事は2人おく（会長は当分決めない）。(3) 事務局は当分ジョンソンにおく」と説明されている。事務局がジョンソン社に置かれたのは、同社が日米HEIB会議を実質的に主導し、協議会設立にも中心的な役割を果たしてきたことを物語っている。会費については「月額1人2000円とし、半年分を一括納入する」という規定であった。

設立発起人は、長田道子（レック）、落合良（ソニー）、篠崎悦子（東京電力）、志村美知子（ジョンソン）、玉木茂子（オランダ酪農協会）、八木茂子（花王石鹸）の六名で、このうち篠崎悦子は、第一回日米HEIB会議開催時には社会開発総合研究所に在籍し、会議の事務局を担当していた。[*43] 篠崎はそこでHEIBのことを知って興味をもち、一九七七年には東京電力の営業開発部にホームエコノミストとして採用され、協議会では初代の会長となったキーパーソンである。協議会設立からの一年間は、月例研究会九回の開催、ニュースレターおよび機関誌の発行、会員実態調査の実施といった活動を行っていった。[*44] その後、一九七九年九月には「日本ヒーブ協議会」へと改称し、さらに本格的活動を展開していくことになる。

こうして日本ヒーブ（連絡）協議会が結成されたが、先にみた松尾の回想にあったように、その動きは次の日米HEIB会議を見据えたものであった。実際に、第三回の日米HEIB会議は、協議会結成後の一九七九年一一月に開かれており、日本ヒーブ連絡協議会の結成から一年あまり、日本ヒーブ協議会へと改称されてから二ヶ月後のことであった。第二回と同様に、ジョンソン社の主催で、アメリカ大使館と日本家政学会の後援を得て、経団連会館国際会議場を会場とする形式で会議は開催された。[*45]

表1―4は、第三回日米HEIB会議の登壇者一覧である。アメリカからは三名が来日し、前回までの会議より人数は少ないが、具体的な課題や打開策に踏み込んだ内容となった。日本ヒーブ協議会は協賛の立場で参加し、パネラーには協議会の会員も加わっていた。特に、第二日目のプログラムは、日本ヒーブ協議会会員のみを対象にしたものであった。日本側は日米双方の意見交換という意味合いをもつ会議をようやく実現できたと自負し、会議を報じたメディアからも、「具体的な問題にまで焦点を絞って話し合いが行われ、一歩前進できたという印象が強く残った」という評価を得ることができた。[*46]

テーマ：「消費者と企業の新しいコミュニケーションを求めて」		
【第1日目】		
総合司会	秋山ちえ子	評論家
司会	高原須美子	経済評論家
	今井光映	金城学院大学家政学部長
パネラー	E・シンプソン	ウインスコンシン大学家政学部長
	J・ウィルソン	フェデラル・ステート・リポート社社長
	J・ボプウッド	ゼネラル・エレクトリック社消費者研究所マネジャー
	田中啓二	安田火災海上保険業務第二課長
	松田智恵子	京王百貨店消費生活コンサルタント
【第2日目】		
総合司会	鍋田弘子	日本コカコーラホームエコノミスト
司会	伊藤みまき	ジョンソン＆ジョンソン社コンシューマ＆パブリックアフェアーズマネジャー
パネラー	E・シンプソン	ウインスコンシン大学家政学部長
	J・ウィルソン	フェデラル・ステート・リポート社社長
	J・ボプウッド	ゼネラル・エレクトリック社消費者研究所マネジャー
	小杉レイ子	味の素ゼネラルフーヅ社マーケティング一部課長
	高岡真佐子	伊勢丹消費生活コンサルタント

表1—4　第3回日米HEIB会議の登壇者（1979年11月5日・6日）
（出所）篠崎悦子「消費者と企業の新しいコミュニケーションを求めて――第3回日米HEIB会議、開かる」『宣伝会議』27巻1号、1980年、39頁により作成。

その後の日本ヒーブ協議会の性格や活動については、第3章で詳しくみていくこととするが、それに先立って、日本家政学会の動向を確認しておく必要がある。家政学士に限らず、家政学会にも足場をもたないという日本的なヒーブのあり方は、当然のことながら、家政学の立場から看過できるものではなかったからである。ここまでにみたプロセスも含めて、日本家政学会の側に視点を置きつつ、節を改めてその動向を整理しておくことにしたい。

5　日本家政学会の動向

日本の家政学は、敗戦後の大学制度改革とともに「学問」としての出発をみたとされる。*47 家政学の学問性は、戦前来の良妻賢母教育の実践をいかに乗り越えるか、という課題に向き合いながら問われ続けた。「家政学とは何か」という問いには、衣食住など個別分野の科学志向への傾斜、研究と実践との関係、学際性と総合化の価値や理念などをめぐる論点があり、「家政学原論」の定立へ向けた学問的な営為も積み重ねられていた。そうしたなかで、日本家政学会は、ＨＥＩＢへの関心の高まりを家政学の本質を問い直す一つの契機ととらえ、生産と消費との関係や、企業と人間との関係はいかにあるべきかという問題に向き合うことになった。

日本家政学会のなかでは、「家庭経営学研究委員会」のなかに一九七三年からＨＥＩＢの研究グループを作り、ＨＥＩＢ向けの大学カリキュラムの検討や企業における実践の調査研究などに取り組んでいた[*48]。日米ＨＥＩＢ会議においては、三回の会議とも日本家政学会が後援に名を連ねていたことは、先にみた通りである。一九七七年には、日本家政学会のなかの「ヒーブ研究部会」が、『ＨＥＩＢ――企業・行政・消費者の環』（光生館）という本を編む形で研究成果を公刊した[*49]。さらに、一九七八年度には、日本家政学会にＨＥＩＢ特別委員会が新設されている。

そうしたなかで、アメリカのＨＥＩＢに関する調査研究を精力的に行っていたのが、前出の松島千代野であった。松島によるＨＥＩＢの研究は、一九七四年に基礎調査、一九七五年に追跡調査、一九七六年にアメリカ現地での面接調査という形で進められ、日本家政学会のＨＥＩＢ理解に大きく貢献するものであった。アメリカにおけるＨＥＩＢの概要は、以下のように把握されていた[*50]。

すなわち、一九二三年にアメリカ家政学会のなかに「ビジネス・グループ委員会」が発足して

ＨＥＩＢが成立し、最初の会員は六二名であった。ＨＥＩＢという略称の使用は一九五〇年頃からみられるようになったもので、一九六七年にアメリカ家政学会で承認された。正式にはHome Economists in Business Section of the American Home Economics Associationという。一九七五年の時点では、ＨＥＩＢに五〇の地方グループがあり、会員は二七六五名を数えた。アメリカ家政学会によるＨＥＩＢの規定は、①男女を問わない、②アメリカ家政学会会員である、③家政学専攻あるいは関連領域専攻の学士号、またはそれ以上の学位を有する、④利潤を財源とする会社・営業所や協会等に雇用されているか、あるいは個人営業や自由人のコンサルタントとして現職にある、というものであった。一九七五年時点で、男性のＨＥＩＢは四名いたという。[*51]

このように、日本家政学会は、ＨＥＩＢの実態把握に努めるとともに、積極的な調査研究を行っていた。そのうえで、日本家政学会が日本の事情を勘案したヒーブの拡大解釈を提案していたことが注目される。具体的には、①家政学士のみでなく、短大家政系卒業生も対象に含める、②企業だけでなく、行政で消費者問題の取り組む①も対象に含める、というようにヒーブの要件を拡大することを提唱した。①については、日本の家政学教育における短大の比重の大きさを踏まえたものであり、②の要件は、都道府県・市町村で設置が進められた消費生活センターや、古くから取り組まれていた農林省の生活改良普及事業などを念頭に置いたものであった。「我々は、あえてヒーブという日本語を新しく作った」とも述べている。[*52]

しかし、実践の面では、家政学サイドの対応は後手に回っていた。特に問題となったのは、家

政系大学における ヒーブ養成の取り組みが進まなかったことである。家政系大学においては、教員養成や栄養士、衣料管理士などの資格取得への対応が優先され、[*53] ヒーブについては資格制度の形をとっていなかったこともあって、大学・短大でのカリキュラム対応が進まなかった。[*54] こうして家政学サイドの実践面での対応が遅れたことは、日本ヒーブ協議会の主導で日本的ヒーブが定着していく状況をゆるすことにつながった。日本家政学会による独自のヒーブ定義が顧みられることも、自ずとなくなっていった。

ただし、日本家政学会はHEIBへの関心を失わず、一九八一年に「ヒーブ問題特別委員会」を立ち上げ、一九八五年に報告書として『消費者問題と家政学』(光生館)を公刊した。[*55] そこでは、日本家政学会が早くから調査研究に乗り出していたにもかかわらず、「問題のもつ複雑かつ、困難な性格もあって、実際への適用に対し有効な方策を示しえなかったままに、他の専門分野(経済・経営・商学等)からのヒーブ養成への積極的参入がはじま」ってしまった、という反省的な振り返りがなされ、「専門職能の本質の希薄化や消費者問題においてホームエコノミストのもつ重要な意義も忘却される恐れを生じさせる」として、日本的ヒーブが家政学との関わりを希薄化させていくことに強い危機感を表明していた。[*56]

報告書のなかでは、日本ヒーブ協議会の性格に関わって、アメリカにおけるHEIBの要件から大きく逸脱していることが改めて批判され、「カナのヒーブと書けばよい」という日本的ヒーブのあり方は、「明らかに「新しい消費者専門職種」という企業のマーケティング戦略に乗せられ」ており、「H．E．（＝ホームエコノミスト）の称号も家政学修得者でなく、単に消費者担当の専門職種として堂々と肩書きに使用され出したことは、より重大」な問題だと述べられていた。[*57]

この点、日本ヒーブ協議会の側には、「家政学会に入ってもメリットがない」という「本音」があったといわれる。[*58] 消費者問題に造詣の深い新聞記者からも、「家政学は本来消費者による、消費者のための、消費者の拠りどころとなる学問であるはずなのに、全然役に立たないという現状」で、「ヒーブ協議会が家政学会から離れて独自に活動しているのも、無理もないことであろう」と評されていた。[*59] この「役に立たない」という批判は、直接には、企業の実務的な課題に対して、家政学が十分に応答できていないことを指すものと思われるが、家政学や家政学会に足場を置かないということは、「企業のマーケティング戦略に乗せられ」る状況のなかで、そうした企業の論理を、家政学の学知に支えられた形で相対化することが困難になることでもあった。

一九七〇年代の消費者運動が突きつけた生活の質をめぐる問いは、家政学にもさまざまな論点を投げかけるものであったはずである。実際に、松島千代野は、アメリカのHEIBを調査した成果を踏まえて、「どういう方法をとれば企業と消費者を結ぶ環ができるかという問題」は、要するに「「生活」という概念をどうとらえるか、にかかっている」として、次のような問題意識にたどり着いていた。[*60]

経済学・経営学では、古くより、企業経営に対して生活経営というように、労働と生活とを区分して考える見解から始まり、その後、生活の中の生産と消費の区分で考えるように発展し、経済現象を商品本位に、家庭生活を消費単位としてとらえ、消費者ということばが常用語となってきた。／この経済学的認識に立っては、前記の課題究明は永劫に続くであろうし、ヒーブについても、〝企業サイドにつくのか、消費者サイドにつくのか〟という疑問もなかなか解しにくい。家政学が個別科学としての自律性をもって確立することが難しいのと同様の問題であるので、この解決には私は、生活を基点として、企業と消費者が実際に相互に規制し合うエコロジカルな、つまり総合的な体系の新しい枠組に変えていく方法しかないという発想をもっている。

人間本位の「生活」とは何か、という家政学の本質に触れるこの問いは、消費者運動が問う生活の質をめぐる問題も含めて、企業社会を支える価値を深く問い直す可能性をもっていたはずであった。しかし、ここまでみたきたように、あるいはこの後にもみていくように、家政学（会）がヒーブを通してそれに答えようとする道は閉ざされていった。家政学に拠らない日本的なヒーブは、そうした重たい問いに対して、いわば生身の生活経験をぶつけながら直接向き合うこととなっていくのである。

＊　＊　＊

以上、本章では、一九七〇年前後から日本にＨＥＩＢが紹介されるようになってから、一九七八年に日本ヒーブ連絡協議会が結成されるまでのプロセスを追ってきた。

ヒーブ（ＨＥＩＢ）の導入プロセスには、消費者運動の高まりに企業がどう対応するかという課題と、石油ショック後のポスト高度成長下におけるマーケティングの課題とが折り重なっていた。一九七〇年代の消費者運動は、企業との鋭い緊張関係を示しながら、生活の質を根源的に問う方向へと向かっていた。それに対して、日本的なヒーブは、企業が改めて「消費者」との関係を結び直そうとするなかで成立し、その後のヒーブによる活動の展開は、消費者運動に組織されない「消費者」をつかみ直していくものとなっていく。それは、「作れば売れる」時代が終わったといわれるなかで、よりいっそう「消費者」の視点にたった商品開発やマーケティングが求められていく時代状況に応える動きであった。

日米ＨＥＩＢ会議の開催は、アメリカにおけるＨＥＩＢの実態を学ぶ重要な機会になるとともに、日本企業におけるＨＥＩＢ認知の広がりに大きく貢献するものとなった。一九七四年の第一回会議から一九七七年の第二回会議を通して、家政学のあり方や雇用慣行をめぐる日米の違いが浮き彫りになり、そこでは、日本型雇用のもとで企業の論理を相対化できるのか、という重要な問いも提起されたが、究極的にはＨＥＩＢが説く消費者の利益も企業の利益に一致するという論理のもとに、マーケティングに引きつけた形のＨＥＩＢ理解に力点が置かれていった。こうした理解は、日本企業がヒーブを積極的に受け入れることを可能にする反面、一九七〇年代の消費者運動が突きつけた生活の質をめぐる根源的な問いを置き去りにするものでもあった。

日本ヒーブ連絡協議会は一九七八年に結成され、一九七九年に日本ヒーブ協議会へと改称された。協議会はヒーブをアメリカのＨＥＩＢとは異なるものとして、家政学士に限定せず、家政学会に足場を置かず、しかし女性に限定するという内容で定義し直した。これがその後もカタカナ表記の日本的な「ヒーブ」として定着していくことになるが、ＨＥＩＢの調査研究に早くから取り組んでいた日本家政学会としては、ヒーブが家政学との関係を希薄化させていくことに強い危機感をもっていた。しかし、家政学会は企業サイドからのヒーブの組織化に遅れをとり、結局は家政学に根ざすメリットをヒーブに提示できないまま、協議会の主導で日本的なヒーブが定着することを防げなかった。このことは、企業の論理を相対化する「生活」とは何か、という大きな問いを残す形で、生活の質をめぐる根源的な問いを置き去りにすることにつながった。

ヒーブを女性に限定したことは、序論でみたように、消費のジェンダー化と雇用のジェンダー化をコインの裏表のようにして編成される戦後日本社会の反映であった[*61]。そのなかで、とりわけ日本型雇用に「最も強力に拒絶され」てきた高学歴女性の目には、ヒーブの導入が企業のなかに自らもメンバーシップを得る貴重な機会として映ったに違いない。こうした位置づけを踏まえてヒーブや日本ヒーブ協議会の実態をみていくことが、次章以降の課題となる。

註

＊1　高原須美子『男性経済論への挑戦』東洋経済新報社、一九七九年。

＊2　橘川武郎「「消費革命」と「流通革命」――消費と流通のアメリカナイゼーションと日本的変容」東京大学社会科学研究所編『20世紀システム3　経済成長Ⅱ　受容と対抗』東京大学出版会、一九九八年。

＊3　満薗勇「「かしこい消費者」規範の歴史的位置――日本現代史の場合」『社会政策』一四巻一号、二〇二二年。

＊4　林凌「人々が「消費者」を名乗るとき――近代日本における消費組合運動の所在」『年報社会学論集』二〇一九年三二号、二〇一九年。

＊5　「マーケティング1　消費者こそ王様」『朝日新聞』一九五九年一月三日付。

＊6　野村かつ子「戦後日本の消費者運動――その軌跡と課題」『草の根運動10年　すこやかないのちを子や孫に　消費者リポート'69～'79』上、日本消費者連盟、一九七九年、六一頁。

＊7　たとえば、「消費者の利益守る　米大統領が特別教書」『朝日新聞』一九六二年三月一六日付。

＊8　前掲、満薗「「かしこい消費者」規範の歴史的位置」。

＊9　原山浩介『消費者の戦後史――闇市から主婦の時代へ』日本経済評論社、二〇一一年。前掲、満薗「「かしこい消費者」規範の歴史的位置」。

＊10　国民生活センター編『戦後消費者運動史 資料編』、大蔵省印刷局、一九九九年、二一七頁。

＊11　前掲、原山『消費者の戦後史』第五章。同「合成洗剤追放運動の存在理由――「安全」をめぐる社

会運動史の視点から」庄司俊作編著『戦後日本の開発と民主主義――地域にみる相剋』昭和堂、二〇一七年。

＊12　佐藤慶幸＋天野正子＋那須壽編著『女性たちの生活者運動――生活クラブを支える人びと』マルジュ社、一九九五年。

＊13　宮本憲一『戦後日本公害史論』岩波書店、二〇一四年。道場親信「地域闘争――三里塚・水俣」岩崎稔ほか編『戦後日本スタディーズ②――「六〇・七〇」年代』紀伊國屋書店、二〇〇九年。同「1960―70年代「市民運動」「住民運動」の歴史的位置――中断された「公共性」論議と運動史的文脈をつなぎ直すために」『社会学評論』五七巻二号、二〇〇六年など。

＊14　たとえば、日本シンクタンク協議会編『企業をとりまく危機とは何か』日本能率協会、一九七四年。

＊15　工業市場研究所編『消費者問題と企業の対応――企業の消費者窓口の実態と今後の課題』工業市場研究所出版部、一九七七年、七頁。

＊16　二人とも協議会発足後には顧問となっている。

＊17　秋山ちえ子「特別寄稿――創立15周年へのメッセージ」『ヒーブ白書――21世紀のライフデザインより良い社会のために働くヒーブ』日本ヒーブ協議会、一九九三年、七二頁。

＊18　高原須美子「消費者と企業を結ぶ環　ホーム・エコノミスト」『中央公論経営問題』一一巻一号、一九七二年、二六四―二七三頁。

＊19　ヒーブ研究部会編『ＨＥＩＢ――企業・行政・消費者の環』第三版、光生館、一九八〇年（初版

一九七七年）、一一頁。
＊20　一九七三年発足のシンクタンク、初代理事長は古海忠之。二〇〇二年より「一般社団法人社会開発研究センター」へと改称して現在に至る（https://www.sdrc.jp/about-us/history）。
＊21　「花ひらくか？　日本版ヒーブ」『月刊消費者』一八四号、一九七四年、一三頁。茂木重明「ＨＥＩＢとの遭遇――日本にみる八年の軌跡」『月刊国民生活』九巻三号、一九七九年、三五頁。早川克己「消費者運動の展開⑨」『日経流通新聞』一九九二年二月一八日付。日本ヒーブ協議会編『生活者と企業の豊かな関係をつくる女性たち』新水社、二〇〇四年、一一四頁。
＊22　篠崎悦子「岐路に立つ日本型ヒーブ――第二回日米ＨＥＩＢ会議から」『潮流』六巻一一号、一九七七年、六六頁。
＊23　「碧海酉癸さん　消費者の声、企業へ伝え」『朝日新聞』二〇〇〇年七月一六日付。一九七七年から東京電力、一九九六年退職、ハウス食品でも嘱託、広報誌編集に携わった。
＊24　マーガレット・ヘニッグ＋アン・ジャーディム『キャリア・ウーマン――男性社会への魅力あるチャレンジ』税所百合子訳、サイマル出版会、一九七八年（原著一九七七年）。
＊25　「能書きは立派だが…」『朝日新聞』一九七三年一〇月九日付。
＊26　「シンポジウム　家政学士の新しい道　ヒーブの諸問題」『家庭科学』六七号、一九七六年、二九頁、石原一子の発言。
＊27　前掲「花ひらくか？　日本版ヒーブ」一三頁。
＊28　前掲、ヒーブ研究部会編『ＨＥＩＢ』巻末資料、一九六頁より引用。

＊29　「企業で働く家政学士　「ヒーブ」活躍の場を」『読売新聞』一九七六年一二月一日付。
＊30　「米で活躍する家政専門家　日米ヒーブ会議から」『読売新聞』一九七四年一〇月一四日付。
＊31　前掲「花ひらくか？　日本版ヒーブ」一三頁。
＊32　志摩市郎「ヒーブ熱高まる　日米ヒーブ会議を傍見して」『消費と生活』九巻一一号、一九七四年、五〇頁。
＊33　日本家政学会編『消費者問題と家政学――ヒーブ問題特別委員会報告書』光生館、一九八五年、二一頁。
＊34　前掲、篠崎「岐路に立つ日本型ヒーブ」六六頁。
＊35　「ヒーブ、米国の活躍ぶり」『毎日新聞』一九七七年一〇月八日付。
＊36　経済企画庁所管の社団法人、前出の社会開発総合研究所とは別組織。
＊37　前掲、日本家政学会編『消費者問題と家政学』七頁。
＊38　「企業の中の消費者代表　日本型ヒーブを育成へ」『朝日新聞』一九七六年一月八日付。
＊39　「「ヒーブ」分裂」『朝日新聞』一九七六年一〇月一八日付夕刊。
＊40　松尾正弘「日本ヒーブ協議会の誕生まで」『家庭科学』七八号、一九七九年、五五頁。
＊41　前掲、松尾「日本ヒーブ協議会の誕生まで」五五頁。
＊42　八木茂子「「ヒーブ連絡協議会」の発足にあたって」『衣生活』二一七号、一九七八年、三二頁。
＊43　前掲、日本ヒーブ協議会編『消費者と企業の豊かな関係をつくる女性たち』一一五頁。
＊44　前掲、松尾「日本ヒーブ協議会の誕生まで」五六頁。

＊45　山崎進「第三回日米ヒーブ会議」『家庭科学』八〇号、一九八〇年、五八頁。
＊46　「日本のヒーブ　説明から活動の時代へ」『読売新聞』一九七九年一一月九日付。
＊47　石渡尊子『戦後大学改革と家政学』東京大学出版会、二〇二〇年。
＊48　家庭経営学研究委員会「家庭経営学（回顧と展望）」『家政学雑誌』三〇巻一号、一九七九年、六三―六四頁。同稿によれば、家庭経営学研究委員会は一九七〇年度から日本家政学会の承認を得て成立し、対象とする領域は家庭経済学、家庭管理学、家族関係学を含むものとされる。当時にあっては家政学のなかでも新しい分野で、メンバーの大部分は家政学原論研究委員会のメンバーでもあったという。
＊49　前掲、ヒーブ研究部会編『ＨＥＩＢ』。
＊50　以下、前掲、ヒーブ研究部会編『ＨＥＩＢ』による。
＊51　前掲、ヒーブ研究部会編『ＨＥＩＢ』一三三頁。
＊52　前掲、ヒーブ研究部会編『ＨＥＩＢ』一七頁。
＊53　衣料管理士は日本衣料管理協会による資格認定として一九七一年から始まったもので、養成大学の申請を受けて協会が審査のうえ認定するしくみであった。
＊54　前掲、ヒーブ研究部会編『ＨＥＩＢ』一一四―一一五頁。
＊55　前掲、日本家政学会編『消費者問題と家政学』。
＊56　前掲、日本家政学会編『消費者問題と家政学』二頁。
＊57　前掲、日本家政学会編『消費者問題と家政学』九頁。
＊58　一九八四年開催のシンポジウム「家政学は消費者問題にいかに対応すべきか」での茂木信明（青

山学院女子短期大学教授）の発言（前掲、日本家政学会編『消費者問題と家政学』一五四頁）。

＊59　「特別座談会　これからのヒーブに期待するもの」における早川克己（日本経済新聞社婦人家庭部長）の発言（『ヒーブ白書――女はこう働く』日本ヒーブ協議会、一九八三年、四五頁）。

＊60　松島千代野「企業と消費者の接点：ヒーブ」『家庭科』三〇四・三〇五号、一九七七年、一二頁。

＊61　佐口和郎「福祉社会と雇用――一九六〇年代後半の経験を中心に」佐口和郎・中川清編著『福祉社会の歴史――伝統と変容』ミネルヴァ書房、二〇〇五年、一五七―一五八頁。

第2章

先駆者たちのライフヒストリー

この章では、先駆的なヒーブのライフヒストリー（個人史）をみていくことにする。取り上げるのは、篠崎悦子（東京電力）、落合良（ソニー）、山内志津子（資生堂）の三人である。篠崎は日本ヒーブ協議会の初代会長である第二期の会長（一九七九年就任）、落合はそれに次ぐ第三期の会長（一九八一年就任）、山内は第六期の会長（一九八四年就任）を務めたが、それぞれ協議会活動以外でも著名な人物で、メディアにもたびたび取り上げられてきた。篠崎は一九四六年生まれ、落合は一九三六年生まれ、山内は一九三〇年生まれなので、日本ヒーブ連絡協議会が結成された一九七八年の時点では、それぞれ三〇代前半、四〇代前半、四〇代後半という年齢にあった。いずれも、日本ヒーブ協議会の草創期を支えた先駆的なヒーブとして位置づけられる。

本章がライフヒストリーの方法をとるのは、ケアを担う女性だからこそ企業で活躍できる、というヒーブらしさを理解するうえで、仕事と生活経験を総体としてみていくことが有効だからである。具体的には、学歴、入社の経緯、仕事の内容、昇進の実態、ライフイベントなどに即して、「女性であること」がそれぞれにどう影響していたのかを確認していく。加えて、この三人とも協議会の結成前から仕事に就いていたため、ヒーブ（ＨＥＩＢ）との出会いや日本ヒーブ協議会という場の意味を、それぞれのライフヒストリーに即して把握することにも力点を置きたい。それは、日本型雇用に「最も強力に拒絶され」た高学歴女性が、[*1] ＨＥＩＢをヒーブとしてとらえ返していったことの歴史的意味を浮き彫りにすることでもある。

さっそく順にみていくことにしたい。

1　篠崎悦子（東京電力）

篠崎悦子は、一九四六年に千葉県で生まれた。父はもともと軍属として家族を連れて中国で働いていたが、アジア・太平洋戦争の敗戦により、日本に家族とともに引き揚げてきた。[*2] 戦後の日本で父は教師を勤め上げ、母は針仕事や畑仕事の傍ら地域ボランティアに尽力したという。悦子は引き揚げの際に母のお腹のなかにいて、五人きょうだいの末っ子として生まれている。父母は悦子が生まれる前に、北京で娘のひとりを疫痢で亡くしていた。

篠崎悦子は、一九六五年に千葉県立千葉高等学校を卒業し、一九六九年に上智大学文学部を卒業した。大学では西洋史を専攻し、「近代資本主義」を研究したという。[*3] 後年の回想では、「ほんとうは大学院までいって勉強したかったが、当時は大学紛争真っ只中で、残っても学問どころではない。大学は荒廃していた。そこで、ごく普通に、大卒女子を採用する狭き門に、縁故を頼って入っていった」と述べており、[*4] 大学紛争が進路に影響を与えるとともに、就業機会の性差別的な状況に直面していたことがわかる。

篠崎が「縁故を頼って入っ」たのは、日本マネジメントスクールであった。日本マネジメントスクールは、企業人向けの通信教育事業を行う社団法人で、篠崎は中堅社員コースを担当した。しかし、経営学や管理学、マネジメントを教える法人のなかで、「皮肉にも、そこの労使関係に嫌気がさし、6年足らずで退職」することとなった。[*5] その後、社会開発総合研究所に入って消費者問題を担当するようになり[6]、前章で触れたように、そこで日米ＨＥＩＢ会議の事務局を務めた。一九七五・七六年には、アメリカに渡って現地のＨＥＩＢを視察している[7]。

こうしてＨＥＩＢへの関心を抱くなか、一九七七年に、高原須美子の紹介で東京電力に「ホームエコノミスト」として採用されることとなった[8]。その前から東京電力の消費者向けパンフレット作成などを手がけていた縁もあったという。営業開発部の所属で、身分は嘱託であった。以後、二〇〇四年三月に退職するまで、東京電力の嘱託として仕事を続けていくことになる。

このときの採用は、東京電力に省エネルギーセンターやお客様相談室が発足するタイミングで、篠崎と碧海酉癸の二人を嘱託とするものであった[9]。翌一九七八年からは、東京電力で大卒女性の採用が始まっており、このときには家政学部卒業者四名が入社して、「ヒーブ制度拡充」として報じられた[10]。当時の東京電力は、平岩外四社長のもとで新しい電力経営の柱の一つに省エネルギーを掲げており、そうした東京電力側の動向が、高原須美子らによるＨＥＩＢ推進の動きと呼応する形で、篠崎らの採用が実現することになったのであった[11]。

篠崎の嘱託という身分は、社員ではないが報酬を受け取るという形式のもので[12]、当時はまだ大卒女性を採用した前例がない、というのがその身分となった理由の一つであった[13]。篠崎は週四日の出社という約束で、出社時間の規定もなく、社内に事務机はあるが、行動は自由、社内の誰とでも会う権利を与えられた。企業べったりにならず自由に批判的な意見を出してほしいから、という点も、嘱託という身分が選ばれた理由であったという[14]。課長級のハイバックチェアが与えられ、常務と定期的に懇談する機会もあったというから、企業の論理を相対化する視点が求められるＨＥＩＢの性格について、会社側にも一定の理解があったものと思われる。

篠崎の「ホームエコノミスト」としての主な仕事は、講演、執筆、テレビ出演などを通して、「家庭の主婦」に電気やエネルギー知識を普及することにあった。各地の「消費者の会や婦人会、生活学校、ＰＴＡといったところから」講習や講演の依頼がくることも多く、「暮らしとエネルギー」「省資源・省エネルギー時代の暮らし」「物価と暮らし」といったテーマのなかから、篠崎が出向くべきものを選んで出張に出かけた。そこでの篠崎の役割は、「主婦に、電気を安全に、しかも効率よく使ってもらうため、企業としてもっている電気やエネルギーの専門的な知識をわかりやすく、身近な言葉に「翻訳」する」というものであった。[*15] 一般家庭向けのパンフレット作成や、社内研修なども担当していたという。

前章の内容を踏まえれば、こうした篠崎の役割には、消費者運動への対応や、運動に組織されていない「消費者」（主婦）とのコミュニケーションを担う面が強かったことが理解できるが、その活動が生活の質への根源的な問いにどこまで応えうるものであったのか、ということについては留保が必要である。

たとえば、一九八二年から八三年にかけて、篠崎は『電気協会雑誌』に「原子力発電所周辺のくらしをみる」という「ルポ」を連載し、①福島県双葉町、②静岡県浜岡町、③佐賀県玄海町、④福井県高浜町、⑤愛媛県伊方町、⑥宮城県女川町・牝鹿町といった原発立地地域を視察した見聞録を寄稿しているが、いずれも、開発による地域振興の具体像をポジティブに報じる色合いが濃厚であった。「共通していえることは、地域の生活環境の整備、暮らし向きの向上に果たした原子力発電所の役割の偉大さである」といい、「それに伴って、地域振興がはかられ、町も大いに活気づいている」から「今後も、地域と原子力発電所とのさらなるよりよい共存関係を期待したい」というのが、連載を通じた強調点であった。[*16] その後も、篠崎が原発問題に関して電力会社の立場を踏み越えることはなかった。[*17]

他方、篠崎は協議会発足前から、東京電力の「ホームエコノミスト」として各種メディアで取り上げられるとともに、設立発起人の一人として日本ヒーブ連絡協議会の結成（一九七八年）を主導するなど、日本におけるヒーブのまさに草分けとなった。文学部卒で家政学士ではない篠崎が「ホームエコノミスト」を名乗ったことには、前章でみたように日本家政学会による強い批判があったが、それに対して篠崎は、HEIB導入の機運を、女性が企業で活躍する道を拓く絶好の機会ととらえ、HEIBを日本的なヒーブとしてとらえ返していくことになる。

日本ヒーブ（連絡）協議会の初代会長として、多くの取材を受けるなかで、篠崎はヒーブの意義を次のように説いた。[*18] すなわち、「ヒーブは、女性であるという特長をそのまま生かせる仕事」で、「消費者の八割は女性」だから「その立場になって、生活者としてナマのままの〝目〟をもっていなければできない仕事」だというのである。「生活者としてナマのままの」という表現からは、自らも家政学士ではない篠崎が、ヒーブの仕事を広く女性の生活経験に根ざすものに結び直そうとしていたことが読み取れる。ヒーブの将来についても、「女性であることがメリットになる、幸せな仕事」だから「どんどんふえてほしい」と述べるなど、ヒーブを女性性と結びつける語りを繰り返していった。

ヒーブの企業内での地位についても、篠崎は次のように強調している。[*19]

企業が真剣に消費者の問題を考えてゆこうとするならば、ヒーブを単に平社員や嘱託にとどめておいてはお茶くみやモニターを採用したのとかわらない。一部の企業ですでに行なっているように、この分野での女性管理職の登用や、経営のトップがヒーブと直結するなど、思いきった決断が望まれるところである。

先にみたように、篠崎自身は嘱託の身分であったが、ヒーブが管理職になることも含めて、ヒーブが日本型雇用のジェンダー構造に風穴を開けていくことを、強く期待していたことがうかがえる。協議会の初代会長として奮闘する篠崎は、女性が仕事にやりがいをもってキャリアを切り拓けるような未来を、日本的なヒーブの展開に託したのであった。

こうして忙しく飛び回りながら仕事を続けるなか、篠崎悦子の父が一九九六年に八七歳で亡くなった。脱水症からの入院中に肺炎を起こし、そこから一年足らずで命を落とした。悦子はその父の入院を機に、一人になった母を自分の住まいに連れてくることになり、老母との同居を開始した。末っ子の悦子が母と同居することを選んだのは、もともと一人暮らしで「兄姉のなかで、わたしがいちばん身軽」だったためで、[20] そこには「わたしの仕事は、企業の非常勤の嘱託である。フルタイムの拘束はない。こういうことからも、老いた親との暮らしに向いていた」という事情もあった。[21] 友人の強い勧めで「お手伝いさん」を頼むとともに、近くに住む姉家族や兄家族の助けも時折借りる形で、年老いた母親との同居生活を送っていった。

一九九九年にその母が脳梗塞となり、要介護4という重い負担の在宅介護が突然始まった。篠崎は週四日の勤務で、昼間は仕事で留守するため、週二日はもともといた「お手伝いさん」に、一日は姉に、もう一日は姪に頼み、「みんなに無理を頼んで、わたしの仕事のペースをできるだけ崩さないように努めた」。[22] 後にこのときのことを、「仕事を捨てていたら、多分、それだけでわたしはつぶれていただろう」と振り返っている。[23]

母の介護にさまざまな不便を実感した篠崎は、「介護用の、高齢者向け・トイレケア用品を、ぜひ開発して欲しい」と思い、「早速、洗剤など、家庭用品の商品開発にたずさわっている友人に、注文をつけた」。[24] この「友人」とは、日本ヒーブ協議会に集う他社のヒーブであったに違いない。二〇〇〇年七月から九月までは、この年に実施が始まった介護保険制度に則って、介護保険サービスを利用した。

こうした一一カ月間の介護生活を経た頃に、母は九一歳で亡くなった。篠崎はこの介護生活を振り返って、「最後の1年は、正直なところ、わたしの心配りは全部母に向けられていて、仕事は余程のこと以外は、できなかった。その余裕はゼロであった。身も心も、限界ぎりぎりだった」と回想している。[*25] 二〇〇一年には、この介護体験を綴った書籍を刊行し、その本に『これから始まるのは、LOVE STORY』というタイトルをつけた。親の介護は「愛の実現の場の一つ」であり、「生きるとは何か、普遍的な愛を交わすとは何か」を「垣間見た気がした」というのが書名の由来だという。[*26] その本には、スタートしたばかりの介護保険制度も含めて、「福祉メニュー」を上手に使うための基礎知識」という、利用者の立場にたったわかりやすく行き届いた案内が付されている。

2 落合良（ソニー）

落合良は、一九三六年に大阪で生まれた。[*27] 四人きょうだいの長女である。父は大阪大学でがんの研究に取り組む医学者で、母は婦人雑誌『婦人之友』の熱心な読者として、羽仁もと子に心酔する友の会会員であった。その影響で、幼い良は羽仁もと子が実践する幼児教育の「幼児生活団」に通った。[*28] 幼児生活団は、西洋文化の積極的な導入と、男女平等教育の実践に特徴があり、掃除の時間も男女の別なく役割を分担した。まもなく戦争の影響により、父が満洲などの戦地に軍医として派遣されることになったため、良は五歳半ばで幼児生活団を退団することになったが、そこでの経験は「私の原点です」と後に語るほど、良の人生に大きな影響を与えた。母は子どもを連れて山形県鶴岡の実家に戻ったため、良も鶴岡で暮らすことになった。

開業医を営む鶴岡の家は、作家・評論家の丸谷才一の生家で、良は丸谷才一の姪にあたる。[*29]本棚がびっしり並ぶその鶴岡の家で、良は手当たりしだいさまざまな本を読んで過ごした。戦後しばらくして父は大阪の病院に勤めることになり、良もいったん大阪に戻ったが、鶴岡の祖父が倒れて父がその跡を継ぐことになったため、良は再び鶴岡で暮らすようになった。鶴岡の中学では、英語の先生との出会いを機に英語が好きになり、鶴岡高校（現・山形県立鶴岡南高校）に進学してからは、英語クラブに所属して英語劇を書くなど、クラブ活動に夢中となった。

大学進学に際しては、父が女子大学を薦めたが、良は「男女共学の大学で英語を勉強したい」と譲らず、青山学院大学文学部英文学科に入学した。[*30]後に夫となる男性と出会ったのは、大学二年生の頃のことで、その初対面では、「彼が『堕落論』坂口安吾、私は『夢』宮城音弥を持っていて、互いに本の話を延々と語った」という。[*31]まもなく結婚の約束を交わすが、「全員が働いている鶴岡の家で育った」良は、「働くのが当然」という意識をもって、卒業後の進路を見据えてビジネス英語を学んでいたため、結婚の時機は「職場に慣れた頃に」と決めていた。

落合良が大学を卒業したのは、一九五八年のことであったが、一九五〇年代半ばの日本における女性の大学進学率は二％台前半という状況で、女性の大学卒業後の進路は、一九五八年のデータによれば、就職者が五九・一％、無業者が二三・八％となっている。[*32]女性が大学に進学することは稀で、しかし大学卒業後は「無業者」となる（ならざるをえない）ことが珍しくないという時代のなかで、鶴岡の家の影響から「女性が働くのは当たり前」という労働文化を内面化していたことが注目されよう。幼い頃に暮らした鶴岡の家では、「住み込みの看護婦さんと、お手伝いさんたち」がおり、祖母が家の全体をとり仕切っていたという。[*33]

就職活動に際して、落合良は番組プロデューサーをめざして放送局を受けるが、女性の募集はアナウンサーのみであった。しかたなくそれを受けてみたものの、大阪弁と鶴岡の言葉が混じるアクセントのこともあり、落ちてしまった。[*34] そうしたなかで、ふと手にした雑誌『週刊朝日』に、東京通信工業という会社を取り上げた記事があり、意欲的で今後が楽しみな企業であると紹介されていたため、これを受けてみることにした。結果は合格で、一九五八年に東京通信工業へ入社した。入社後間もなく、東京通信工業はソニーへと社名を改めている。

落合良のソニーでの経歴は、以下の通りである。すなわち、一九五八年の入社後はまず輸出入課に配属され、一九六三年からは取扱説明書係となった。一九六八年に係長へ昇進、一九七二年に課長補佐となり、一九七四年には開発部でプロジェクトマネージャーとなる。一九七七年時点の肩書きは「第三開発部課長補佐」というものであった。[*35] 一九八二年には課長に昇進し、ソニーで初めての女性課長として注目された。一九八九年時点では「クリエイティブ本部CSグループ統括課長」となっている。[*36] 一九九二年には経団連（日本経済団体連合会）の外郭団体である経済広報センターに出向、一九九四年にソニーへ帰任して部長となる。一九九六年にはソニーを六〇歳で定年退職した。

以下、ソニーでの落合良の働きぶりを具体的にみておきたい。

入社から二日目のこと、女性は始業三〇分前に出社して掃除とお茶くみをするよう言い渡された。配属先の輸出入課には、落合を含む新卒の女性五人と男性四人がおり、男女で賃金は同じだったというが、[*37]掃除とお茶くみは女性にだけ命じられた。落合は同期の男性社員に「どっちを取る?」と聞き、掃除かお茶くみかを迫り、お茶くみは男性が担当することになった。このときは、「女性だけに早く来いとは、何言ってんだ、ととっさに思った。掃除とお茶くみに男も女もないはず」という思いで、[*38]男女別なく分担した幼児生活団での掃除の様子が頭に浮かんでいたという。噂を聞きつけた勤労部(人事部)が様子を見に来たが、特に口出しはされなかった。

一九六三年から担当した取扱説明書係では、自分がまず製品を使ってみないと説明を書けないことに思い至り、常に使う身になって考える姿勢が身についた。[*39]しだいに使いにくいところなどをエンジニアに意見し、アドバイスもするようになっていった。あるときは、カラーテレビの配達先までいき、「主婦」向けに説明書を読むよう説いて回ったが、「いいわ、子どもが帰ってきたら子どもに読んでもらうから」といわれ「ガックリ」くるような経験をした。[*40]

一九七〇年には、ソニーでは女性として初めての海外出張に出かけた。[*41]「外国部の同期前後の男性たちがほとんど海外赴任したころ」のことであったが、係長の昇格試験に合格した落合は、専務を囲む懇親会の場で、「全世界向け取扱説明書を作成していますが、まだ全世界を見たことがないのです」と発言し、専務から「いいよ、いってらっしゃい」との返答を引き出した。こうしてようやく実現した落合の海外出張は、三五日間で七カ国を巡る一人旅であった。後年の回想では、「その後も幾度か海外出張はありましたが、男性並みの海外赴任はありませんでした」と述べており、[*42]性差別的な処遇への不満をにじませている。

一九七四年には、プロジェクトマネージャーとして電磁調理器の開発を担当した。会社から「国内の家電市場と、電子レンジの特徴を」調べるよう命をうけた落合は、電子レンジは「単なる温める機械」で「料理向きではない」と考え、開発部門でもう一つ研究されていた電磁調理器のほうが有望だと判断した。[*43]電磁調理器はいまでいうＩＨクッキングヒーターにあたるもので、ソニーとしては主婦向け商品の第一号という位置づけであった。[*44]

そのプロジェクトで落合は、男性エンジニアと家政学部出身女性からなるチームを組み、マネージャーとして「ナベプロ」「芋煮エル婦人」「あんなもの出すと（音響製品の）音が悪くなる」などと社内で陰口をたたかれながら、商品化に向けた開発をとり仕切っていった。[*45]プロジェクトでは、炎が出ない電磁の特徴を活かせば天ぷらを安全に調理できることに目をつけ、試作を重ねながら商品化に至った。わかりやすい温度目盛をつけ、豊富な料理レシピを載せたクックブックも添えた。この商品開発で落合は、「女性が開発とは珍しいとＮＨＫから取材」が来たり、[*46]新聞で取り上げられたりと、その名前が広く社外にも知られるようになった。

他方、ソニーの代名詞ともいえるウォークマンが発売されたのは、一九七九年のことであったが、発売に先立つ試作段階で、芝浦工場で顔見知りのエンジニアから「ちょっと試してみて」と落合のもとに相談があり、「これは、イケル！」と確信した。相談を寄せた男性エンジニアは消費者の反応に自信がないというので、落合の率いる「ＣＳグループ」で中高生・大学生の男女にグループインタビュー調査を実施した。その結果が「落合報告」と呼ばれて販売部門に回り、ウォークマンの発売を後押しすることになる。「ＣＳグループ」のＣＳとは「コンシューマーズ・サティスファクション」を指し、「私はヒーブ連絡協議会の仕事をやっておりますので、それをもう少し普及させたいと思って、そのような名前を付けたわけです」というように、ヒーブに関わりの深い由来をもつ名称であった。[*47]

一九八一年には創設者の一人として、社内で「ＳＷＣ」（ソニー・ウィメンズ・サークル）を立ち上げた。[*48] ＳＷＣは係長代理以上の女性管理職だけの自主勉強会で、一五人からスタートし、一九八九年時点で約一〇〇人の参加者を得るまでになった。月一回の勉強会が基本で、男女雇用機会均等法、再雇用制度、男性論、ネットワーク作りなどを学んだ。なお、落合自身は「頭脳労働者は保護規定はいらない」というのが持論で、一九八四年の時点では、「新製品の消費者側の反応調査などを行っているが、仕事が忙しい時は休日を返上して働かなければならないこともある」のだから、「一日二時間以上残業してはダメ、休日労働はダメといった現行労基法の規制は実情に合わない」と発言していた。[*49]

こうしたなかで、一九八〇年代後半を迎える頃には、代表的な「女性マーケッター」に数えられるなど、落合の名前はさらに広く知られるようになっていた。たとえば、一九八六年の『日本経済新聞』における「女性マーケッター」に関する記事では、大橋照枝（大広エージェンシー）、小林佳子（博報堂）、今野由梨（生活科学研究所）、佐橋慶（アイデアバンク）、沢登信子（ライフ・カルチャー・センター）、脇田直枝（電通アイ）とともに、落合良の名前が挙げられた。その記事は、「消費の主役が女性なら、売り方も女性が考えるというのも自然な流れ。企業の中に女性だけのプロジェクトチームが生まれ、商品開発などで実績をあげる例も増えてきた。これも彼女ら先駆者の仕事ぶりが多分に影響していよう」と、女性の活躍を企業の新しい動向として好意的に取り上げていた。[*50]

さて、落合良とヒーブとの出会いは一九七七年に遡り、第二回日米HEIB会議の場であった。ここまでみてきたキャリアのなかでいえば、電磁調理器のプロジェクトマネージャーとして名前が知られるようになった頃のことである。後年の回想では、会議には「消費者関連ということで私も興味をもって出席」したと話しており、当時の落合は「消費者関連」の仕事を担っているという意識をもっていたことがわかる。会議のなかでは、「自分が消費者のために活動していることが、会社の方針に合わなかった時、どうしますか」という日本人男性からの質問に対して、「消費者のことを考えない企業に未来はないので転職します」とアメリカのHEIBが答えたことが印象的で、その「勇気ある発言に感心」したという。[*51]落合はこの場で篠崎悦子を初めとした創立メンバーと出会い、日本ヒーブ連絡協議会結成に際して、設立発起人六名のうちの一人に名を連ねることとなった。

落合は日本ヒーブ協議会において、篠崎悦子に次ぐ第三期（一九八一年）会長に就くなど、その活動をリードしていく立場にあった。なかでも重要なのは、「働く女性」の問題を積極的に取り上げる方向を打ち出していったことである。そのきっかけは、次のようなことにあったという。すなわち、「企業でフルタイムで働く女性達の団体は、まだ珍しい時代」であったため、ヒーブ会員は「官庁の様々な研究会や委員会」に委員として呼ばれることが多く、落合自身も一九八〇年代に郵政省、経済企画庁、通産省といった省庁の委員会に参加する機会があった。このうち郵政省の「家庭の情報化に関する調査研究会」では、参考資料に挙げられる女性のデータが、専業主婦を対象とするものばかりだったという。落合はこれに問題を感じたことをきっかけに、「フルタイムで働く女性達の団体＝ヒーブ協議会の特徴を活かす」ことに思い至り、「ヒーブ達で調査委員会を結成し、私達と周りの働く女性達の調査を開始」することとなる。[52] その成果は『働く女性と暮しの調査――高度情報社会との接点を求めて』（一九八六年）としてまとめられ、その後も続く「働く女性と暮らしの調査」の起点となった。「働く女性と暮らしの調査」は、フルタイムで働く女性の実像をとらえた調査として当時は他に例がなかったため、メディアからの注目を集めて、日本ヒーブ協議会の認知度を高めることにもつながった。詳しくは次章でみていくことにする。

その後、こうした落合の「働く女性」への視線は、「会社人間」批判へと向かっていった。

一九九二年にソニーから経済広報センターへ出向することになった落合は、そこで「会社員の声」プロジェクトを立ち上げた。経済広報センターは経団連の外郭団体として一九七八年に設立され、石油ショックの際に企業への批判が高まったことに対応して、日本企業や産業界が社会に貢献している姿を広報する団体であった。落合が出向した当時のセンターでは、各企業の出向者が国内広報と国際広報にわかれて仕事をしていたが、出向者の九割は男性であった。「その頃の広報センターでは、庶民主婦を対象に調査し、庶民の生活を経済界のお偉方へ報告してい」たが、「もっと身近な存在、自社の社員を含め会社員達が何を考えているかを経営者に知らせたいと考え」、「トヨタから出向の隣席の男性と一緒に、外部協力も得て「会社員の声」プロジェクトを起こし会社員対象の調査を開始し」たのだという。[*53]

この調査結果を踏まえて、落合は一九九四年一月の『朝日新聞』に、「論壇　脱会社人間の時代に生きる」という文章を寄稿した。[*54]それによれば、経済広報センターの第一回「会社員の声」調査は、一九九二年六月に男女約一六〇〇人を対象に実施され、そこでは「会社人間」を「①経済第一主義で昇進・出世を気にかける、②企業倫理や日本的経営の見直しよりは、景気対策や株価などへの関心が高い、③環境問題・福祉・ボランティア・家事の分担などにはほとんど興味がない」という三つの要素で定義した。男女で同じ質問をしたが、「育児休業法や家庭、生活について男性会社員の関心は非常に低く、男女の関心の相互乗り入れは少なかった」という。そこに落合は、「日本株式会社の特徴である同質性と、異質な存在への無関心さ」をみたうえで、男性中心の「会社人間」を次のように批判している。

男性を中心にした会社人間は、人に優しい、地球に優しいなどの言葉を横並びに唱えてみても、ゴミの捨て方も知らず、文化活動を楽しめず、部下の女性社員との自然なコミュニケーションも満足にできない。環境を意識するならば、商品企画の段階で、商品の寿命も意識して、リサイクルされる部分と土に返る部分の比率も当然考えるべきなのだが、コスト意識だけが先行しがちだ。そして「上からの命令ならやる」「他社がそうならないと」の言葉が返ってくる。

このように落合は、日本型雇用の帰結としての「会社人間」を批判し、それを乗り越えようとする視座を獲得していた。次章以下でみていくように、それは日本ヒーブ協議会の活動と深く響き合うものであった。

他方、私生活に目を転じると、結婚は入社から二年後、一九六〇年のことであった。夫との出会いは先述の通りで、「職場に慣れた頃に」との約束通りだったのであろう。周りからは「いつやめるの？」と当時の働く女性につきまとう質問をたびたび受けたが、「私は笑ってました」と意に介さなかった。*55 一九九三年時点の新聞記事によれば、夫は小さな会社を経営しており、二人の間に子どもはおらず、*56 一九八七年の新聞記事では、「典型的な日本版ディンクス（子供のいない共働き夫婦）」として取り上げられた。*57

家を建てたのは一九七七年頃のことで、設計は知り合いの建築家に頼んだ。当時は調理器の開発に関わっていたこともあって、台所用品は良が全部自分で選び、それに合わせた台所を設計してもらった。食器洗い機、大型冷蔵庫、オーブンを備え、四口のガスレンジにダブルシンクの流しを据えた立派な台所であった。家には洗濯機だけでなく乾燥機も備え、平日の家事について「できるだけ時間を浮かす」よう努めたが、会社が休みの土曜日は「家事の日」として、朝から買いものに出かけた。この点、「私は料理が好きなので半製品はあまり買わないで、自分で楽しみながらつくれるものを買ってきます」と述べている。[58] また、住宅内には夫の書斎とは別の「書斎」を設けたが、[59] これは階段の踊り場にある三畳ほどの空間を本棚で囲んで設置したもので、夫との間では、相手が自分の空間にいるときはお互いに干渉しないという暗黙のルールがあったという。

社外では、日本ヒーブ協議会以外にも、多彩な活動やネットワーク作りにアクティブに取り組んだ。一九八八年には文化活動として「結《ゆい》の会」を結成し、作曲家・三木稔を支援した。[60] 一九九四年には、各界で活躍する女性の集まりである「リーダーシップ111（ワンワンワン）」の結成に、呼びかけ人の一人として加わった。[61] 呼びかけ人は、川口順子（サントリー常務）、幸田シャーミン（ジャーナリスト）、目黒依子（上智大学教授）、永井多恵子（NHK解説委員）、大河原愛子（ジェーシー・フーズ社長）、落合良（前ソニー部長）、下村満子（ジャーナリスト）、坂東真理子（埼玉県副知事）、脇田直枝（電通EYE社長）、米沢富美子（慶應義塾大学教授）の一〇人であった。一九九九年に発足した「WINWIN」でも、賛同者・理事に名を連ねている。「WINWIN」は赤松良子らを発起人とし、女性をより多く政治の世界に送り出すことを目指す組織である。

二〇〇四年に公開された映画『ベアテの贈りもの』では、落合良が制作委員会の副代表を務めた。[*62] この映画は、日本国憲法の作成に関わり、男女平等に関する文言を盛り込むことに尽力したベアテ・シロタ・ゴードンについてのドキュメンタリーである。落合は、一九九五年に前出の作曲家・三木稔からベアテを紹介され、日本での講演会を企画するなどベアテと親交があった。そうしたなかで、二〇〇二年に開かれた赤松良子を囲むクリスマスパーティーの場に、落合が日本国憲法第二四条の条文が書かれたスカーフを持参した。それがきっかけとなり、その場に岩波ホール総支配人の高野悦子がいたことから藤原智子監督を推薦され、赤松良子が代表、落合が副代表、岩田喜美枝が事務局長となる形で、映画の製作へと至ったのであった。落合良はベアテを取り上げた新聞の取材に答えるなかで、「今の憲法がなければ、私の経歴も違っていたはず」と語っている。[*63]

3 山内志津子（資生堂）

山内志津子は、一九三〇年に横浜で生まれた。四人きょうだいの長女である。戦争に伴い富山に疎開し、そのまま戦後を迎えて一九四七年に富山県立富山高等女学校を卒業した。卒業後はお華、お茶、料理などの「花嫁修業」に努め、[*64]「このまま結婚するだろう」と思っていたが、一九四九年に、「近所の人に勧められて何げなく」資生堂の富山販社で美容部員の仕事に就いた。[*65]一九五〇年には、資生堂が美容PRのために組織した「ミス資生堂」の一期生に選ばれたため単身上京し、資生堂本社で働くこととなった。

その後の資生堂での経歴は、以下の通りである。すなわち、一九六四年に商品開発部に配属された後、一九七三年に広報室消費者専任担当課長となり、一九八三年に広報室消費者担当次長、一九八五年に同部長へと昇進した。一九八七年には取締役消費者担当部長兼人材育成担当部長となり、これは資生堂初の女性役員となる。その後は、一九八八年に取締役コンシューマーズセンター所長兼人材育成部長、一九九〇年に資生堂美容技術専門学校の第三代校長に就き、一九九七年に退職した。

この間、結婚は一九五五年のことで、見合い結婚で夫の家に入った。「その当時、私たちの仲間は、ほとんど結婚退職だった」ため、志津子も当然そうするものと思っていたが、夫の母に相談したところ、「一家に二人の主婦はいらない。あなたがもし仕事を続けられるのであれば続けてはどうかしら」といわれたため、仕事を続けることにした。[*66] 明治生まれのこの義母は、徳島師範学校を出て小学校教員をしていたが、結婚を機に退職して東京へ出てきており、そのことをずっと残念に思ってきたため、志津子に同じ思いをさせたくなかったのだという。夫も志津子が仕事を続けることを望んでいた。[*67]

一九六二年には第一子となる女の子が誕生した。このときにも、「本社では子供を産むという人は今までいない」ため、「私もたぶんこれで辞めることになるだろうなあと思」い、また義母に相談したところ、「あなたは今の職場が働きやすいようだからがんばりなさい」といわれたため、仕事を続けることにした。当時、家には「お手伝いさん」もいたが、義母は「私が育てます。お手伝いさんにまかせるわけにはいかない。その時期に精神面の基礎ができ上がるから私がみます」と説き、志津子の背中を押した。[*68] この長女に続いて、翌一九六三年には長男、一九六五年には次男と合わせて三人の子どもに恵まれた。[*69]

志津子が嫁いだ東京・目黒の家は、夫の兄家族や姉家族とともに夫の生家に同居するという独特の家族形態をとっていた。結婚した一九五五年の時点で総勢一八人を数える大家族で、[*70] 夫の兄が一人、姉が三人いて、それぞれに配偶者と子どもがおり、夫の母も同居していた。家屋は一〇〇〇㎡の敷地に建つ一〇〇坪強の広い住まいで、部屋の数は居室だけで二〇室以上もあった。[*71] 朝食は各家庭ごとにとるが、登校・出勤前に夕食の要・不要を台所の黒板に記入し、「帰宅したご主人たちが入浴をすませる六時半ころが全員そろっての夕食タイム」だったという。[*72]

こうした独特の家族生活のなかで、夫は石油会社に勤務していたが、育児期も含めて名古屋に八年間、単身赴任の身にあった。その時期のことを後年の志津子は、女手の多い大家族でなければ、三人の子どもを抱えながら仕事を続けることは無理だった、と振り返っている。それでも義母・義姉の育児負担を減らすために子どもをみてもらえる人を探し、幼稚園の送り迎えを「早稲田の大学院の女子学生さん」に頼み、帰宅までのシッターとして、「むかし保母をしていた方で、今お子さんを二人かかえて家にいらっしゃる方」に、その「下のお子さんがちょうど長男といっしょ」だったため、「そのお子さんを連れて家に来てもら」う形で頼んでいた。[*73]

このようなサポートを受けながら育児と仕事を両立していったが、子育てに追われるなかで仕事に自信を失い、甘える子どもを振り切って出社するのもつらく、落ち込む時期があった。そうしたなか、あるとき会社の上司は、山内を含めた既婚者三人に、次の年の企画書をそれぞれで作成して提出するよう命じた。これに「だれがみてもいちばんおそまつな企画書」しか出せなかった山内は、その夜に子どもの寝顔をみながら、仕事をもう辞めようかと思い悩んだ。しかし、どうしてもこのままではいやだという思いがあふれてくる。[*74]

たぶん、子供が大きくなったときに、「ママはお勤めしたことがあるの?」と聞かれるだろう。「どういうところで働いていたの?」「どんな仕事をしていたの?」って聞かれたときに、子供が生まれる前の一生懸命やっていたいちばんいい時期の仕事の内容を教えるのか、それとも、三人の子供をかかえながら働いていた最低の時期のことを言わなければならないのか、人間は正直ですから、きっと今のことを言うと思うんですね。それで、やっぱり私はこのままではいやだと思ったのです。

これを機に「もう一回努力してみよう」と奮起し、仕事に打ち込んでいくことになった山内は、このときのことを、上司が怒る代わりに自覚を促す機会を作ってくれたのだろう、と深く感謝しながら受けとめていた。

一九七三年には、広報室消費者課長に抜擢された。資生堂が「消費者課」を置いたのは一九七〇年のことで、消費者運動が高まり、消費者問題への対応が必要とされるようになった時期のことであった。前章でみたカラーテレビ買い控え運動をきっかけに、消費者団体は化粧品業界に対しても再販制度への批判を強め、一九七一年には化粧品の再販商品不買運動が展開されていた。こうしたなかでの山内の抜擢は、「『再販の牙城』と消費者団体の攻撃目標になっている資生堂、その防波堤として起用された」ものとみられていた。[*75] 報道関係各社に配布された資生堂の広報資料でも、「今回の人事は企業の社会性がますます求められる今日の企業環境に鑑み、これまで以上に消費者とのコミュニケーションを強化し、いっそう企業活動に反映させていく必要性から行なわれたもの」で、「豊富な業務経験と主婦としての生活体験をそなえた女性ということで、山内志津子を起用したもの」と説明されていた。[*76]

山内の就任前から消費者担当課長を務める資生堂の男性社員は、より具体的に「女性課長」としての期待を次のように語っていた。[*77]

山内課長が就任しましたのは、これまで私ども男性の感覚では及ばなかった面を女性であり、主婦でもある山内課長に補なってもらうという狙いがあるわけです。私どもこれまで消費者の方との対話などで得たことを社内に伝える場合、やはり男性の感覚で発言するきらいがあるんですね。それを有効に生かすためには同じ生活体験を持つ主婦が消費者からの意見を聞き、自分の実生活からにじみ出るものと合せて社内に反映させて行けばもっと強い意見が出るのではないだろうかと期待されるからです。

ここには、雇用のジェンダー化と消費のジェンダー化をコインの裏表のようにして編成された戦後日本社会のありようを反映して、企業と消費者とのジェンダー非対称な構造が、両者のコミュニケーション・ギャップを深刻化させてきたという認識がよく示されている。

消費者課の主要業務は、「月々二千通にものぼる個人消費者からの意見・苦情・相談の手紙」や、各行政センターや消費者団体から寄せられる質問に答えることにあったが、[*78]山内はこれらの仕事にあたる専門職課長という立場で、それとは別に、男性課長が引き続き置かれ、課内全般の管理業務を担った。こうした「部下のいない課長」という山内の処遇は、社内の後輩女性の目からみても、「残念だけど、あの人は会社が社外に見せるためのショーウインドー」で、「本当の意味で男性と同じとは言えない」と映るものであった。[*79]

山内が消費者課長としての仕事を進めるなかで、日本ヒーブ協議会には一九七八年の結成当初から参加した。[*80]協議会では第四期（一九八二年）に幹事、第五期（一九八三年）に副会長となり、第六期（一九八四年）には会長を務めた。会員になることは会社に「許してもらい」参加したとのことで、山内は日本ヒーブ協議会の場について、「第一線の女性実務者が集まっており、異業種の人との情報交換は非常に有用」であると捉えていた。[*81]「ヒーブの特徴は生活情報をベースに基礎がしっかりしたものを持っている」ことにあり、「その上に立って企業の商品を知っているので、すぐに役立つ情報が多」かった。[*82]そのため、「私のような化粧品しか知らなかった人間が、社外のいろんな業種の方たちからいろいろな情報を」得るとともに、「会社に外のいろんな情報を入れるということで、社内でも注目してくれ」たという。[*83]

資生堂のなかでは、中高年向けに美容情報を提供する活動に力を入れていった。そのきっかけとなったのは、山内が消費者課長としての仕事を通して、「しみや顔のくすみを隠せるような化粧品ってあるんですか」という消費者からの問い合わせを受けたことにあった。そこから、「中高年の女性たちが美容情報をほとんど持ち合わせていない」ことに気づき、五〇代以上の女性を対象にした「シルバーセミナー」という講習会を開くようになった。この活動は、高齢化社会としての歩みを進める一九八〇年代になると、いっそう注目されるようになっていったが、その点に関わって、日本ヒーブ協議会として高齢者市場の可能性を探る調査活動を行った際には、大家族のもとで暮らす自身の生活経験から、「実感として、高齢化社会に対応していくときに65歳以上、あるいは70歳以上というしぼり方をするのは非常に難し」く、「70歳でも75歳でも生き方が違う。求め方が違うというんでしょうか、生活の仕方も全部違うんです」と発言し、「高齢者」と一括りにすることの無理を語っていた。[*84]

昇進のたびに「資生堂で女性初の」と注目を浴びる山内は、一九八七年に取締役となって「初の女性役員」に就く。このとき、消費者担当に加えて人材育成担当も兼任することとなったが、新聞の取材にその意気込みを「当社は美容部員はじめ全体で約一万五千人もの女性従業員がいますので、そうした人たちの個性や能力を生かせる明るい職場環境づくりと人材育成に取り組んでいきます」と語り、「男女雇用機会均等法の施行で社会環境はよくなりましたが、女性の立場をもっと尊重するために意識改革が必要です。女性にできる仕事は少しでも委譲していきたい」と展望した。[*85] 山内の歩みは、資生堂の「女性活躍の推進」に連なる歴史であった。[*86]

＊　＊　＊

以上ここまでみてきたように、篠崎悦子（東京電力）、落合良（ソニー）、山内志津子（資生堂）

	篠崎悦子（東京電力）	落合良（ソニー）	山内志津子（資生堂）
生年	1946年 千葉県	1936年 大阪市	1930年 横浜市
学卒	1969年 上智大学文学部	1958年 青山学院大学文学部	1947年 富山県立富山高等女学校
入社	1977年 東京電力・嘱託 営業部ホームエコノミスト	1958年 ソニー・輸出入課	1949年 資生堂富山販売会社 →翌年資生堂東京本社
ライフイベント	1999年 老親の介護	1960年 結婚	1955年 結婚 1962年 第1子出産（〜64年に計3子）
昇進		1982年 課長 1994年 部長	1973年 課長 1987年 取締役
日本ヒーブ協議会	1978年 設立発起人 1979年 第2期（初代）会長	1978年 設立発起人 1981年 第3期会長	1978年 設立当初から参加 1984年 第6期会長

表2—1　先駆的なヒーブたちのライフヒストリー
（出所）本文により作成。

の三人には、三者三様のライフヒストリーがある（**表2—1**）。

三人とも学歴においては家政学と縁がなく、篠崎悦子と落合良は世代が異なっていながらも、ともに大卒女性の就職の難しさに直面した。それでも企業が「消費者」と本格的に向き合うようになった一九七〇年前後の時代状況を受ける形で、山内志津子も含めてそれぞれが能力を発揮できる仕事に就いていった。仕事にはやりがいを感じて取り組んでおり、性差別的な処遇を経験する一方で、女性であることによって活躍の場を得るようになった面もあって、それぞれの女性としての生活経験を活かすことが企業からも期待されていた。

日本ヒーブ協議会との関わりも三者三様であった。篠崎悦子は「ホームエコノミスト」という肩書きにこだわり続けたが、落合良と山内志津子は社内で「ヒーブ」を掲げて仕事をしていたわけではなかった。それでも、日本ヒーブ協議会は、企業や業種の枠を超えた女性による交流の場として、それぞれなりに意義を実感できる場となり、「消費者の視点」とは何かを考え続ける場となった。前章との関わりでみれば、そこに家政学の学知を求めようとする姿勢は希薄で、むしろ生身の生活経験が重視されていた。そして、篠崎悦子に即してみたように、日本的なヒーブの成立と展開には、企業サイドのマーケティング戦略だけでなく、女性たちの主体的な取り組みが不可欠であった。彼女たちは、女性であることに「消費者」性をみる企業の動きに乗りかかる形で、HEIBをヒーブとしてとらえ返すことで、日本型雇用のジェンダー構造を打ち破る力にしていったのであった。

いうまでもなく、人の数だけ歴史があり、ヒーブの数だけライフヒストリーがある。ここで取り上げた三人のほかにも、発明好きの主婦として二児の育児期を終えてから一九七三年にレックへ入社した長田道子、[*87] お茶の水女子大学家政学部の卒業後に小学校教員を経て花王の生活科学研究所研究員となった八木茂子、[*88] 一九七〇年に国際基督教大学教養学部を卒業してサントリーに入社した近藤康子[*89]など、草創期の日本ヒーブ協議会には、さまざまな背景をもつ女性が集まっていた。そうした多様なあり方を念頭に置きながら、日本ヒーブ協議会の歴史を具体的にみていくことが、以下の各章における課題となる。

註

＊1　佐口和郎「福祉社会と雇用――1960年代後半の経験を中心に」佐口和郎＋中川清編著『福祉社会の歴史――伝統と変容』ミネルヴァ書房、二〇〇五年、一五七―一五八頁。

＊2　篠崎悦子『これから始まるのは、LOVE STORY――家族で読む介護エッセイ』にじゅうに、二〇〇一年、一四―二〇頁。

＊3　「企業と消費者のパイプ役」『とらばーゆ』創刊号、一九八〇年、八頁。

＊4　前掲、篠崎『これから始まるのは、LOVE STORY』二八頁。

＊5　前掲、篠崎『これから始まるのは、LOVE STORY』二八頁。

＊6　日本社会開発研究所とする史料もあり、混乱がみられるが、ここでは日米HEIB会議の事務局を担当したという回想を踏まえ、社会開発総合研究所に勤めていたと理解しておきたい。

＊7　「主婦の言葉で迫る　企業内ご意見番」『日本経済新聞』一九七八年三月八日付夕刊。

＊8　篠崎悦子『女のビジネス・男のビジネス――企業に女性を活かす法』学生社、一九八五年、奥付「著者略歴」参照。

＊9　松島千代野＋篠崎悦子『あなたがヒーブ（HEIB）になるために――現代女性の適職』有斐閣、一九八二年、一二〇―一二一頁。

＊10　「東京電力、消費者との関係強化へヒーブ制度拡充」『日経産業新聞』一九七八年三月一七日付。

＊11　「生活者の本音を聞く　東京電力のホーム・エコノミスト」『週刊ダイヤモンド』六六巻三号、一九七八年、一〇五頁。

＊12　前掲「生活者の本音を聞く」一〇五頁。
＊13　前掲、篠崎『これから始まるのは、LOVE STORY』三〇頁。
＊14　「主婦の言葉で迫る　企業内ご意見番」『日本経済新聞』一九七八年三月八日付夕刊。
＊15　前掲、松島＋篠崎『あなたがヒーブHEIBになるために』一二二頁。
＊16　篠崎悦子「ルポ　豊かな明日のために　原子力発電所周辺のくらしをみる③　佐賀県玄海町」『電気協会雑誌』七〇八号、一九八二年、二二頁。
＊17　たとえば、「柏崎刈羽原子力発電所」と題した一九九八年の文章では、篠崎は「自分の目で身近にみれば、こんな安全なことはない」と強調している（篠崎悦子『もったいない思い』ミオシン出版、二〇〇二年、二三〇頁。同書は、電力政策研究会の旬刊紙『EP report』視点欄に、篠崎悦子が書いた文章を単行本に収録したもの）。
＊18　前掲「企業と消費者のパイプ役」九頁。
＊19　篠崎悦子「消費者と企業のパイプ役として」『消費と生活』一一〇号、一九七九年、一八頁。
＊20　前掲、篠崎『これから始まるのは、LOVE STORY』一六頁。
＊21　前掲、篠崎『これから始まるのは、LOVE STORY』一七頁。
＊22　前掲、篠崎『これから始まるのは、LOVE STORY』五六頁。
＊23　前掲、篠崎『これから始まるのは、LOVE STORY』一一―一二頁。
＊24　前掲、篠崎『これから始まるのは、LOVE STORY』六八頁。
＊25　前掲、篠崎『これから始まるのは、LOVE STORY』三一頁。

＊26　前掲、篠崎『これから始まるのは、LOVE STORY』一〇頁。
＊27　多賀幹子『ソニーな女たち』柏書房、二〇〇四年、二一八―二二〇頁。
＊28　落合良『きのう・きょう・そしてこれから…』荘内日報社、二〇一六年、七頁。
＊29　前掲、落合『きのう・きょう・そしてこれから…』八―一一頁。
＊30　前掲、多賀『ソニーな女たち』二二〇―二二一頁。
＊31　前掲、落合『きのう・きょう・そしてこれから…』一三頁。
＊32　「学校基本調査」による。
＊33　前掲、落合『きのう・きょう・そしてこれから…』八頁。
＊34　前掲、多賀『ソニーな女たち』二二一―二二二頁。
＊35　「電子調理器の商品企画を担当した　落合良さん」『日経産業新聞』一九七七年一一月一日付。
＊36　「女性社員が理論武装」『日本経済新聞』一九八九年一二月二五日付夕刊。
＊37　前掲、落合『きのう・きょう・そしてこれから…』一四頁。
＊38　前掲、多賀『ソニーな女たち』二二三頁。
＊39　前掲、多賀『ソニーな女たち』二二三―二二六頁。
＊40　「特集・第一線女性座談会」『日経広告手帖』二三巻六号、一九七九年、四頁。
＊41　前掲、落合『きのう・きょう・そしてこれから…』一七頁。
＊42　前掲、落合『きのう・きょう・そしてこれから…』七五頁。
＊43　前掲、落合『きのう・きょう・そしてこれから…』二〇頁。

＊44　前掲、多賀『ソニーな女たち』二二六―二二七頁。
＊45　前掲、落合『きのう・きょう・そしてこれから…』二〇頁。
＊46　前掲、落合『きのう・きょう・そしてこれから…』二一頁。
＊47　前掲「特集・第一線女性座談会」三頁。
＊48　前掲「女性社員が理論武装」。
＊49　「大詰めの男女雇用平等法（上）」『日本経済新聞』一九八四年二月二七日夕刊。
＊50　「女性マーケッター」『日本経済新聞』一九八六年一〇月二七日付。
＊51　落合良「21世紀のライフデザイナーを目指して」『月刊国民生活』二三巻九号、一九九三年、三四頁。
＊52　前掲、落合『きのう・きょう・そしてこれから…』一〇六―一〇七頁。
＊53　前掲、落合『きのう・きょう・そしてこれから…』四二―四三頁。
＊54　落合良「論壇　脱会社人間の時代に生きる」『朝日新聞』一九九四年一月五日付。
＊55　前掲、落合『きのう・きょう・そしてこれから…』一五頁。
＊56　「サラリーマンミドルの情景　女性として④」『日本経済新聞』一九九三年五月二〇日付。
＊57　「家庭内別居で夫婦円満」『日本経済新聞』一九八七年一一月二日付夕刊。
＊58　前掲「特集・第一線女性座談会」七頁。
＊59　「家庭内別居で夫婦円満」『日本経済新聞』一九八七年一一月二日付夕刊。
＊60　「サラリーマンミドルの情景　女性として①」『日本経済新聞』一九九三年五月一七日付。

＊61　「男社会にモノ申す　実力は女性ネット「リーダーシップ111」」『日本経済新聞』一九九六年九月九日付。
＊62　前掲、落合『きのう・きょう・そしてこれから…』四八―四九頁。
＊63　「男女平等　届いた思い　若き米女性起草に奔走」『日本経済新聞』二〇一五年五月一日付。
＊64　「シリーズ社長をうならせる女たち　資生堂取締役コンシューマーズセンター所長」『財界』三六巻一〇号、一九八八年、一〇一頁。
＊65　「この人　消費者担当部長になった「ミス資生堂」の一期生」『日本経済新聞』一九八五年二月六日付夕刊。
＊66　山内志津子「すこやかに美しく老いるために」山内志津子＋早川一光＋西能正一郎『著名人が語る〈生きるヒント〉5　美しく老いる』リブリオ出版、一九九七年、五〇―五一頁。
＊67　「部下20人　美しさを売る女性課長　資生堂・広報室消費者課課長」『主婦と生活』三一巻二号、一九七六年、九二頁。
＊68　前掲、山内「すこやかに美しく老いるために」五三―五四頁。
＊69　山内志津子「15人の大家族に支えられて」脇田直枝編著『わたし、女性管理職です。――ケンカの仕方に丈夫な心臓もひとつおまけに度胸と愛嬌』学陽書房、一九八六年、七九頁。
＊70　前掲、山内「15人の大家族に支えられて」八五頁。
＊71　「5世帯14人同居　大家族バンザイ」『日本経済新聞』一九八九年六月一七日付夕刊。
＊72　前掲「5世帯14人同居　大家族バンザイ」。

＊73　前掲、山内「すこやかに美しく老いるために」六一頁。
＊74　前掲、山内「すこやかに美しく老いるために」五九―六〇頁。
＊75　「女性初の消費者課長となった　資生堂の山内志津子さん」『読売新聞』一九七三年一一月四日付。
＊76　「女性管理職訪問」『月刊総務』一二巻五号、一九七四年、一一八頁に紹介されている文面より引用。
＊77　有馬恒久（資生堂広報室消費者課課長）の発言。有馬恒久＋山内志津子「企業内「消費者課」の存在と役割――果して消費者運動への防波堤か？」『消費と生活』九巻一号、一九七四年、三八頁。
＊78　「男まさり　タフで陽気なお母さん」『経済界』一〇巻八号、一九七五年、一一〇頁。
＊79　一九五五年に資生堂へ入社し、一九九二年に常勤監査役となった金子庸子による回想（「男女の壁を越えて⑧「男の掟」に不満募る」『日本経済新聞』一九九五年九月一日付）。記事には山内の名前は直接挙げられていないが、ここでは文脈からみて山内のことを指すものと判断した。なお、金子も一九八四年に日本ヒーブ協議会に入会している（日本ヒーブ協議会『News Letter』五五号、一九八四年、国立女性教育会館所蔵）。
＊80　「ヒーブの牽引車　山内志津子さん」『消費と生活』一三九号、一九八四年、二九頁。
＊81　「この人　消費者担当部長になった「ミス資生堂」の一期生」『日本経済新聞』一九八五年二月六日付夕刊。
＊82　前掲「ヒーブの牽引車　山内志津子さん」二九頁。
＊83　前掲、山内「すこやかに美しく老いるために」六四頁。

＊84　「座談会　高齢化と企業」における司会・山内志津子の発言（『高齢化と企業――手さぐりの高齢者市場』日本ヒーブ協議会、一九八五年、二九頁）。

＊85　「資生堂山内志津子さん　初の女性役員、プレッシャー感じますか?」『日経産業新聞』一九八七年一月一四日付。

＊86　山極清子『女性活躍の推進――資生堂が実践するダイバーシティ経営と働き方改革』経団連出版、二〇一六年。

＊87　長田道子『あんなひらめきこんな発明――ヒット商品開発法』発明協会、一九八九年。

＊88　前掲、松島＋篠崎『あなたがヒーブ（ＨＥＩＢ）になるために』一〇八―一〇九頁。

＊89　「やってみなはれ、女性管理職　サントリーに誕生」『日経産業新聞』一九八五年九月一一日付。

第3章

日本ヒーブ協議会の組織と活動

本章の課題は、日本ヒーブ協議会の組織と会員の実態や、活動内容を概観することにある。中心となる論点は、家政学士に限定せず、家政学会にも足場を置かず、しかし女性に限定した日本的なヒーブのあり方が、協議会の性格や活動とどのように関わり合っていたのかという問題である。具体的には、「企業と消費者のパイプ役」という消費者視点に加えて、「働く女性」というキーワードを通じて就労視点が前景化し、協議会が「働く女性のリーディング集団」という自己規定を行うまでに至ったプロセスを追うことになろう。

さっそく具体的にみていくことにしたい。

1　協議会組織の性格

一九七八年九月に結成された日本ヒーブ連絡協議会は、一九七九年一〇月に日本ヒーブ協議会へと改称された。改称までの期間は、後に「第一期」と数えられる。第1章でみたように、設立発起人は、長田道子（レック）、落合良（ソニー）、篠崎悦子（東京電力）、志村美知子（ジョンソン）、玉木茂子（オランダ酪農協会）、八木茂子（花王石鹸）の六人で、会員は全体で一一五人・九五社という数でスタートした。事務局はジョンソン社のなかに置かれ、発起人を幹事とする幹事六人制のもとで、月例研究会を中心としながら、組織としての基礎固めに努めた。*1

一九七九年一〇月からは日本ヒーブ協議会へと改称し、第二期として新たなスタートを切った。これを機に会則、組織、資金面での拡充を図り、具体的には、①将来の法人化をめざして定款を前提とした会則を作成し、②会長・副会長を置いて幹事を補強するとともに、事務局を独立させて有楽町電気ビル（北館）関東電気協会内に移転し、③長期にわたる安定した事業活動基金として賛助会費の制度を設けた。[*2]

このうち、会則では、第一条で会の名称が「日本ヒーブ協議会（Japan Association for HEIB and Consumer Affairs Professionals In Business）」と定められ、第三条には会の目的が「消費者と企業のパイプ役としてのヒーブの使命と職務にのっとってその資質と能力の向上をはかり、消費者の利益の増進および企業活動の健全な発展に寄与すること」と明記された。[*3] ヒーブに「消費者と企業のパイプ役」という定義を与えていたことが注目されよう。第四条には会の事業として、「（1）会員のための研究会、講演会の開催」「（2）消費者セミナーの開催ならびに消費者動向調査」「（3）ヒーブ育成のための諸活動」「（4）出版、広報活動」「（5）その他前条の目的を達成するために必要な事業」が列挙されている。第五条の会員規定では、「正会員」を「企業の消費者関連部門に働く女性で本会の目的に賛同して入会した者」と定め、「女性」に限定することが明記された。

なお、活動期間の区切り方に関わって、第二期を変則的に一九七九年一〇月から一九八一年三月までの一年半とすることで、第三期以降を四月始まりの一年度ごとに数える形に改められた。

その後の組織整備の展開を概観しておくと、一九八四年に関西支部が設立され、これには富山・岐阜・愛知以西の会員が属することとなり[*4]、さらには、一九九四年に九州支部が発足している。二〇〇四年には「有限責任中間法人」となって念願だった法人格を取得し[*5]、その後の中間法人法の廃止にともなって、二〇〇八年に一般社団法人への移行を果たした[*6]。

さて、先にみたように、会則第五条では、正会員の資格を「企業の消費者関連部門に働く女性」と規定していた。これは家政学士に限定せず、しかし女性に限定するというカタカナ表記の日本的なヒーブの捉え方であり、以後、日本のヒーブはこの規定に沿う協議会会員を指すものとして定着していくことになった。

一九七九年の会員を対象とした調査によれば[*7]、学歴別の会員数の構成は、大学・旧制専門学校卒が五一・八％と最も多く、短大卒が二八・九％、高校卒が一二・〇％となっており、専攻別にみると、家政学部出身者が約六〇％を占めていた。量的にみれば家政学部出身者がそれなりに多かったことがうかがえるが、協議会内では、家政学士に限定しない日本的なヒーブのあり方を積極的に肯定する見方が共有されていた[*8]。このことは、協議会の活動のなかで「働く女性」の問題が前景化していく前提にもなる。

会員資格を女性に限ることについては、協議会のなかでたびたび議論の的になったが、その後も変更されることはなかった。この点、協議会の活動をまとめた一九八三年版の『ヒーブ白書』では、「ヒーブに男性は入れないのかとの問いは、今だに耳にする」が、「現状ではまだこの社会は男中心の社会である」ため、「ヒーブ協議会で女性の力が本当についてきてからでも遅くはあるまい」と述べている。[*9]

こうした会員資格の限定には、正会員と所属企業との関係が深く関わっていた。

正会員の資格は個人に与えられるものであったが、協議会の会費は所属企業が負担していた。一九七九年の会員を対象にした調査によれば、会員全体の九二%がその会費を会社負担で支払っており、特に正社員では九七%がその会費を会社負担で支払っていた。[*10] 加えて、協議会の活動も、会社の就業時間内に行われ、会社の許可を得て参加することが前提となっていた。[*11] 協議会の立場としては、社員の能力開発の一環という意味をもたせ、かつ会員が参加しやすい場にする狙いがあったが、企業サイドからみれば、女性社員を協議会に「送り込んでい」るという感覚につながった。実際に、一九七九年におけるイトーヨーカ堂の例では、男性社員である上司が「私共の消費者室には現在女子大卒を五人おき、一名だけをヒーブ協議会に代表として送り込んでいます」と語るような状況にあった。[*12]

一九八五年の会員に対する調査によれば[*13]、入会の動機については、上司からの勧めが三〇%、自分から進んでが二八%、前任者からの引き継ぎが二七%、先輩・同僚の勧めが六%、会員の勧めが五%という内訳で、上司の勧めによる入会と前任者からの引き継ぎをあわせると、会社の意向が絡む者が過半を占めていたといえる。

個別の事例のなかからも、入会の経緯に会社の意向が働いていた例を確認できる。たとえば飯泉千寿子（明治乳業）の場合には、当時の課長が「社内で初めて女性の部下を持ったけれど、どういうふうに育てていったらいいかわからない、非常に不安だ」として、「ヒーブという女性の会があるから参加してみたらいいんじゃないか」といわれたことがきっかけだったという。[*14]平島磯美（ふくや）の場合も、「当時の会長からヒーブのパンフレット、それも白黒のコピーを手渡されまして、『お前、なにか勉強したいと思っているんだったら、行ってみらんか』と言われ」、「会社には女性の先輩がいなくて、なんとなく自分が目標を失いかけていたというか、見え隠れしていた時だったので、これは願ってもないことでひとつのチャンスかもしれないと思い」参加したと語っている。[*15]

こうした関係を踏まえると、日本ヒーブ協議会は、所属企業や上司の意向に左右される組織という性格を色濃くもっていたことがわかる。「職場の家事」（掃除やお茶くみ）でもなく、定型的・補助的な業務でもない、能力開発が必要な仕事を担う女性社員の登場は、企業にとっても協議会のような場を必要とした。日本ヒーブ協議会は、そうした企業の期待に一方で応えつつ、しかし同時に協議会としての自律性を確保するために、会員資格を女性に限定し続けることを選んだものと位置づけられよう。

他方、日本家政学会との関係については、一九九二年頃まで定期的に「懇談会」を開催していたことが確認できる。[*16]顧問には日本家政学会の会長も名前を連ねていたから、[*17]日本ヒーブ協議会が日本家政学会とまったくの没交渉だったわけではない。しかし、協議会が取り組む活動の方向性について、家政学や家政学会から大きな影響を受けた形跡はみられず、その意味での自立性は高かったものと考えられる。

2　会員の実態とその推移

会員の実態に関して、まずは会員数の動向を整理しておきたい。

図3―1は、日本ヒーブ協議会の会員数と会員企業数を整理したものである。ここでいう会員は正会員を指し、会員企業とは正会員が所属する企業のことを意味する。会員数のほうからみると、一九七八年の一一五人から、一九九〇年代初頭にかけて右肩上がりで増加をみせ、一九九五年に四三〇人を数えてピークを迎える。その後、一九九〇年代後半からは減少に転じ、二〇一三年には一一〇人となって一九七八年のスタート時を下回り、さらにそこから減少し続けていた。会員企業数もおおよそ同様の推移をみせていったが、特に一九八〇年代から一九九〇年代にかけては、会員数が企業数を大きく上回っており、複数の会員を出す企業が多かったことがうかがえる。

序論で述べた通り、本書の検討対象は一九九〇年代半ばまでとするので、一九九〇年代後半以降に会員数が減少していく理由については、残された課題とせざるをえない。入会に企業サイド

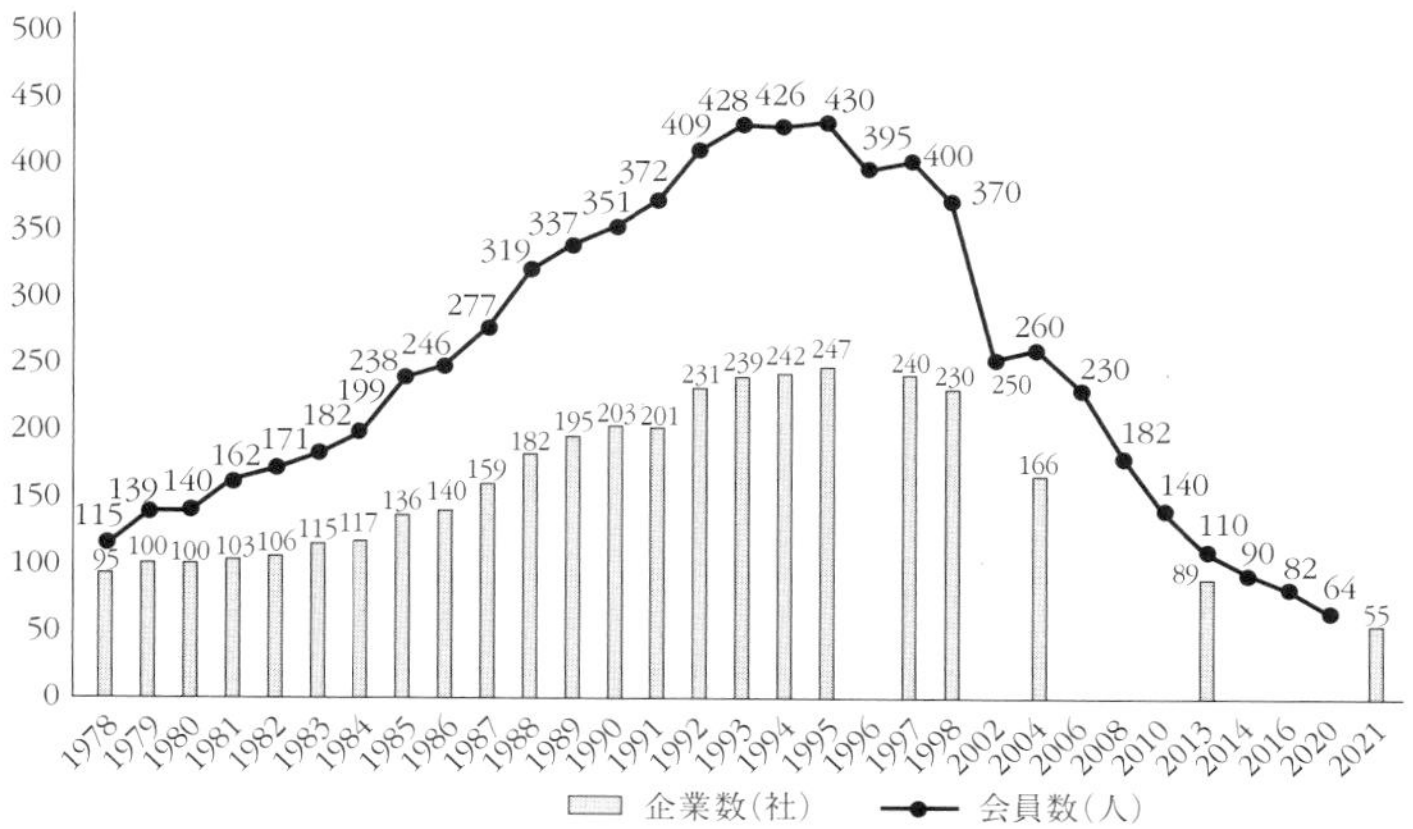

図３―１　日本ヒーブ協議会の会員数および会員企業数（1978-2021 年）
（出所）『ヒーブ白書――21 世紀のライフデザイン』日本ヒーブ協議会、1993 年、『朝日新聞』1980 年 6 月 19 日付夕刊・1995 年 9 月 13 日付名古屋・1997 年 2 月 26 日付・1998 年 9 月 23 日付、『日本経済新聞』1994 年 9 月 13 日付九州、『全国組織女性団体名簿』市川房枝記念館出版部、1996 年・2002 年・2006 年・2008 年・2010 年・2014 年・2016 年・2020 年、日本ヒーブ協議会編『生活者と企業の豊かな関係をつくる女性たち』新水社、2004 年、『働く女性と暮らしの調査（第 9 回）』日本ヒーブ協議会、2013 年、日本ヒーブ協議会 HP（〔http://www.heib.gr.jp/about_us/membership/〕2022 年 2 月 1 日アクセス）により作成。
（註）会員企業は正会員の所属企業をさす。

の意向が強く働く協議会の性格を踏まえると、一般論としては、バブル崩壊後の長期不況のなかで、企業が参加を許す余裕を失っていったと考えられる。また、女性社員の能力開発という観点でみれば、女性の採用が珍しいことではなくなっていく時代状況のなかで、協議会に送り出さなくとも企業内部で女性社員の能力開発に対応できるようになっていったとも考えられよう。いずれにせよ、詳しい検証は本書の課題を超えているため、後考に待つこととしたい。

次に、一九九〇年代半ばまでの時期を主な対象として、会員とその所属企業の実態をやや立ち入ってみていくことにする。

表3―1は、所属企業の業種別にみた会員数について、一九八三年、一九八八年、一九九二年の三時点での結果を整理したものである。いずれの年でも食品が最も多く、次いで化学、電気、流通と続き、家庭用品や繊維も一定の割合を占めていた。金融は銀行と生命保険会社、公益は電力とガスにまたがっており、マスコミのほか、しだいに企画調査、広告、通信、住宅、自動車などの業界にも会員を広げていった。総じて消費者との接点や関わりをもつ業種に会員が分布していたといえる。

具体的な企業名については、章末の**付表1**から**付表3**にその一覧を示した。これによれば、会員企業には、私たちが名前をよく知る企業が多く、BtoC の要素をもつ有名企業が数多く名前を連ねていたことがわかる。上場企業も六七社に上っており、各業界のトップを含む上位企業も多くみられた。ここでの一九八八年時点の正会員企業数は一八五社となっており、このうち一九九三

	1983年		1988年		1992年	
	構成比	実数（人）	構成比	実数（人）	構成比	実数（人）
食品	28.0%	52	23.2%	74	26.2%	112
化学	16.1%	30	16.0%	51	15.4%	66
電気	10.2%	19	14.4%	46	13.3%	57
流通	9.1%	17	8.2%	26	5.4%	23
家庭用品	4.3%	8	6.3%	20	3.7%	16
金融	4.3%	8	4.7%	15	5.1%	22
公益	5.4%	10	4.4%	14	4.9%	21
企画調査	0.0%	0	3.8%	12	4.0%	17
繊維	4.3%	8	3.4%	11	3.7%	16
広告	0.0%	0	1.6%	5	1.9%	8
通信	0.0%	0	1.6%	5	3.3%	14
マスコミ	8.1%	15	1.3%	4	1.9%	8
住宅	0.0%	0	0.9%	3	1.4%	6
自動車	0.0%	0	0.0%	0	1.2%	5
その他	10.2%	19	10.3%	33	8.6%	37
計	100.0%	186	100.0%	319	100.0%	428

表3—1　所属企業の業種別にみた日本ヒーブ協議会会員数
（出所）『ヒーブ白書——21世紀のライフデザイン』日本ヒーブ協議会、1993年、34頁により作成。
（註）調査時期はいずれも7月。調査方法は1983年が月例会の配布・回収、1988年・92年が郵送法による。調査全体での調査票回収率は、1983年が67％、1988年が85％、1992年が84％。

年時点でも会員であったのは一三五社、一九九八年時点でも会員であったのは一〇一社、二〇一三年時点でも会員であったのは三五社となっている。一九九三年時点の会員企業数は計二三九社、一九九八年時点では二三〇社、二〇一三年時点では八九社であったから、定着する企業が一定数ある一方で、企業の入れ替わりも多かったことがうかがえよう。

表3—2として、仕事内容別にみた会員数をまとめた。これは会員が所属企業のなかでどのような業務を担当していたかをみたものであるが、一九八三年のみ複数回答であるため、その後の各年と直接の比較はできない。総じてみれば、消費者対応と商品開発が二大部門となっており、マーケティング、広報、市場調査、広告宣伝など

の業務にあたる会員も少なくなかったことがわかる。

次いで、**表3―3**には、会員の協議会における在会年数が示されている。日本ヒーブ連絡協議会の設立は一九七八年九月のことであったから、調査対象の一九八三年七月は設立から五年弱、一九八八年七月は一〇年弱、一九九二年七月は一四年弱という時期にあたる。一九八三年時点では、設立当初からの会員が二五・〇%を占める一方、一年未満の会員が二〇・〇%に上っていた。それに対して、一九八八年の時点では、設立当初からの会員が九・二%となって、実数としても八三年の四七人から二五人へ減少し、三年未満の会員が合わせて五五・四%と過半を占めていた。一九九二年の時点では、設立当初からの会員は四・〇%、実数としても一四人とさらに減少した。ただし、一〇年以上を合わせれば九・八%となっている。三年未満の会員は合わせて五二・六%と、一九八八年と同様に過半を占めていた。長期にわたって在会する会員が一定数いる一方で、全体としては在会期間が短い会員が多かったことがうかがえる。

この点に関わって、**表3―4**に会員の会社における在籍年数と年齢の分布を整理した。これによれば、同じ会社に一〇年以上在籍する会員が増えていく傾向にあり、具体的には、一九八三年には二四・八%であったが、一九九二年には四〇・二%を占めるに至った。男女雇用機会均等法の成立を挟んでいるため、女性の勤続をめぐる環境の変化も影響しているものと思われる。一方で、会社在籍五年未満の会員の割合は、減少傾向にありながらも一定の比重を占め続けていた。年齢の分布にも同様の傾向がみられ、中高年の比重が増えていく一方で、若年層は相対的には減少し

	*1983 年		1988 年		1992 年	
	構成比	実数（人）	構成比	実数（人）	構成比	実数（人）
消費者対応	15.9%	33	32.0%	87	28.9%	100
商品開発	18.8%	39	24.3%	66	18.8%	65
マーケティング	13.0%	27	9.6%	26	7.8%	27
営業企画	1.9%	4	5.5%	15	7.2%	25
広報	13.0%	27	5.1%	14	6.9%	24
市場調査	0.0%	0	5.1%	14	5.5%	19
広告宣伝	10.1%	21	2.6%	7	2.3%	8
品質管理	3.9%	8	1.8%	5	1.4%	5
経営	0.0%	0	0.0%	0	0.9%	3
その他	12.1%	25	13.6%	37	19.9%	69
無回答	11.1%	23	0.4%	1	0.3%	1
計	100.0%	207	100.0%	272	100.0%	346

表3—2　仕事内容別にみた日本ヒーブ協議会会員数

（出所）『ヒーブ白書——21 世紀のライフデザイン』日本ヒーブ協議会、1993 年、35 頁により作成。

（註 1）調査時期はいずれも 7 月。調査方法は 1983 年が月例会の配布・回収、1988 年・92 年が郵送法による。調査全体での調査票回収率は、1983 年が 67%、1988 年が 85%、1992 年が 84%。

（註 2）1983 年のみ回答者 125 人による複数回答の結果を示す。

	1983 年		1988 年		1992 年	
	構成比	実数（人）	構成比	実数（人）	構成比	実数（人）
設立当初から	25.0%	47	9.2%	25	4.0%	14
10 年以上	—	—	—	—	5.8%	20
5 年以上 10 年未満	—	—	16.2%	44	18.8%	65
3 年以上 5 年未満	17.0%	32	18.8%	51	18.8%	65
1 年以上 3 年未満	38.0%	71	29.3%	80	29.8%	103
1 年未満	20.0%	37	26.1%	71	22.8%	79
計	100.0%	186	100.0%	272	100.0%	346

表3—3　日本ヒーブ協議会会員在会年数

（出所）『ヒーブ白書——21 世紀のライフデザイン』日本ヒーブ協議会、1993 年、34 頁により作成。

（註）調査時期はいずれも 7 月。調査方法は 1983 年が月例会の配布・回収、1988 年・92 年が郵送法による。調査全体での調査票回収率は、1983 年が 67%、1988 年が 85%、1992 年が 84%。

		1983 年		1988 年		1992 年	
		構成比	実数（人）	構成比	実数（人）	構成比	実数（人）
会社在籍	10 年以上	24.8%	31	37.2%	101	40.2%	139
	5 年以上 10 年未満	32.0%	40	30.8%	84	30.3%	105
	3 年以上 5 年未満	22.4%	28	20.6%	56	13.9%	48
	3 年未満	20.8%	26	11.4%	31	15.0%	52
	計	100.0%	125	100.0%	272	100.0%	346
年齢	50 歳以上	4.0%	5	7.4%	20	6.1%	21
	40 歳〜49 歳	15.2%	19	16.5%	45	19.4%	67
	30 歳〜39 歳	27.2%	34	27.9%	76	36.2%	125
	25 歳〜29 歳	30.4%	38	30.5%	83	30.1%	104
	20 歳〜24 歳	22.4%	28	17.6%	48	7.5%	26
	計	100.0%	125	100.0%	272	100.0%	346

表３―４　会社在籍年数別と年齢別の日本ヒーブ協議会会員数

（出所）『ヒーブ白書――21 世紀のライフデザイン』日本ヒーブ協議会、1993 年、36、38 頁により作成。合計には無回答を含む。

（註 1）調査時期はいずれも 7 月。調査方法は 1983 年が月例会の配布・回収、1988 年・92 年が郵送法による。調査全体での調査票回収率は、1983 年が 67%、1988 年が 85%、1992 年が 84%。

（註 2）会社在籍年数は、現在の会社に在籍している年数をさす。

つつも一定の割合を占め続けた。これらの動向は、結婚や出産に伴う女性の退職という問題がヒーブにも及んでいたことを示唆しており、協議会としても「特に三十才以下の会員において、入れかわりは多く、このことは、結婚あるいは出産という働く女性にとっては大きな問題が、ヒーブの中でも関わっていることが想像される」と受けとめていた。[*18]

こうした会員構成のあり方は、組織運営上の工夫を必要とし、「シニアとジュニアに分けたりとか、職種で一年間毎に区切ったり」といった試みも行われた。[*19] 一九九三年の時点でも、ジュニア（三二歳以下）とシニア（三二歳超）のクラス分けで運営されていたことが確認できる。[*20]

前章でみた落合良（ソニー）や山内志津子（資生堂）は、協議会結成時にいずれも四〇代で、特に山内はすでに課長職にあったから、若い会員の目には、キャリア女性のロールモデルとして映っていたに違いない。**表3—5**には、第一八期までの歴代会長とその経歴の一覧を示したが、多様なキャリアをもつ女性が協議会の活動をリードしていったことがわかる。学歴も家政系のみでなく多様で、育児期を終えた就職からキャリアをスタートした女性や、出産を機に前職を退職している女性、独立や起業に至った女性なども含まれている。特に注目すべきは、就職した企業に長期勤続するなかで、各社で「女性初の」といわれるキャリアを拓き、管理職に昇進していった女性が複数みられることである。前出の落合良、山内志津子に加えて、表のなかでは、近藤康子（サントリー）と石川純子（西友）がそれに該当する。

アメリカのＨＥＩＢに管理職女性が珍しくなかったことは、第1章でみた通りである。そもそも「消費者の視点」から企業の論理を相対化するＨＥＩＢの役割は、相応の権限や責任を得られなければ、企業活動のなかで埋もれてしまう。その点、アメリカのＨＥＩＢは、企業横断的な労働移動が活発なアメリカの労働市場と、アメリカ家政学会に共通の足場を置くアカデミアの共同性を担保に、専門職として自らの発言力を高めることができた。

それに対して、日本型雇用のもとで「就社」社会に生まれた日本的ヒーブは、企業横断的な専門職としては確立できず、家政学会にも足場をもたなかったから、「消費者の視点」を貫いて企業活動に影響を与えるには、自身が企業のなかで責任ある立場に昇進していくほかに道がなかったといえる。その意味で、協議会としても、管理職への昇進も含めた会員のキャリア支援が重要

任期 （就任）	氏名	企業名 （就任時）	経歴など
第 2 期 （79 年）	篠崎悦子	東京電力㈱	1946 年千葉県生まれ、上智大学文学部卒、社団法人日本マネジメントスクール指導部中堅社員コース担当、1977 年高原須美子（経済評論家）の紹介で入社、1982 年当時は営業部ホームエコノミストとして嘱託で週 4 日勤務。2004 年当時は東京電力営業部省エネルギー推進 G ホームエコノミスト。
第 3 期 （81 年）	落合良	ソニー㈱	1958 年青山学院大学英米文学科卒、ソニー入社。32 歳で係長、36 歳で課長補佐、46 歳で課長に昇進。1981 年に発足したソニー「SWC（ソニーウィメンズ・サークル）」（係長代理以上の女性管理職だけの自主勉強会）創設者の 1 人。1982 年当時は PP センター CS（コンシューマーズ・サティスファクション）グループ課長代理。1987 年ソニー初の女性管理職、商品本部 CS 室長。1994 年結成の各界女性ネットワーク「リーダーシップ 111」設立メンバーの 1 人。2004 年当時は共立女子短大講師・せたがや文化財団顧問。
第 4 期 （82 年）	八木茂子	花王㈱	お茶の水女子大学家政学部卒、小学校教師を経て、1982 年当時は花王石鹸生活科学研究所研究員として 10 年勤務。1984 年時点では花王石鹸生活情報センター室次長。
第 5 期 （83 年）	長田道子	レック㈱	1946 年結婚、発明が趣味の主婦、1969 年からレックのモニター、1976 年全国発明婦人協会副会長退任を機に 45 歳でレック入社、1982 年当時は部長待遇のヒーブ室長。1990 年時点で 84 歳、全国発明婦人協会最高顧問。
第 6 期 （84 年）	山内志津子	㈱資生堂	1930 年生まれ、1947 年富山県立高等女学校卒、1949 年富山県で資生堂入社、1950 年東京へ転勤、1957 年から本社の内勤、1963 年に商品開発部、1973 年に広報室へ異動、1982 年当時は広報室消費者一課長。3 人の子どもを育てながら仕事。資生堂初の女性役員として、1987 年取締役に就任、1990 年当時は非常勤取締役で資生堂美容学校長。1985 年発足の「桜東京パイロットクラブ」（働く女性たちの親睦と社会奉仕活動のためのネットワーク）初代会長。
第 7 期 （85 年）	玉木茂子	オランダ酪農協会	1963 年女子栄養大学短期大学部卒、同調理実習室助手を経て、タマノイ酢㈱。毎日新聞社開発部で料理教室の企画運営、1972 年からオランダ酪農協会でオランダチーズの普及啓蒙。1992 年㈱フードマーケティング設立、代表取締役。
第 8 期 （86 年）	鍋田弘子	日本コカ・コーラ㈱	女子栄養大学調理実習室で助手 3 年、中野サンプラザ料理教室で 6 年、1982 年当時は日本コカ・コーラ広報渉外本部消費者業務統括部所属のホームエコノミスト。
第 9 期 （87 年）	藤田せつ	㈱富士通ゼネラル	—
第 10 期 （88 年）	内藤益子	ジョンソン㈱	杉野女子大学家政学部卒、中学・高校で家庭科の教鞭をとり、出産を機に退職。ヒーブ設立の動きを知りジョンソンに入社。週 4 日・1 日 6 時間勤務。日本ヒーブ協議会創設メンバーの 1 人、1988 年の第 10 期協議会会長就任時に 42 歳。

第11期（89年）	近藤康子	サントリー㈱	国際基督教大学英文学専攻、1970年に4年制大卒女性の第1号としてサントリー入社、宣伝部に配属の後、1976年に設置された「消費者室」へ1977年に異動。1985年同室課長となりサントリーグループ初の女性管理職2人のうちの1人に。1988年9月時点で40歳、2004年当時はサントリーお客様コミュニケーション部長。
第12期（90年）	羽澄愛子	㈱日清製粉グループ本社	2004年当時は日清製粉グループ本社総務本部広報グループグループ長代理。
第13期（91年）	山本加津子	㈱主婦の友社	1966年㈱ニッポン放送にアナウンサーとして入社、4年後出産退職、1970年主婦の友社入社、編集記者。2004年当時は主婦の友社出版部『ゆうゆう』編集長。定年退職後、2007年NPO法人J-Win設立に参画、企業内での女性活躍に取り組み、2014年消費者力支援研究所立ち上げに伴い退職、同理事。
第14期（92年）	蟹瀬令子	㈱博報堂	上智大学文学部英文科卒、1975年博報堂に入社、コピーライター、1987年米国ミシガン大学ビジネス学科留学、1993年クリエイティブマーケティング会社を設立、1999年㈱イオンフォレスト（ザ・ボディショップ・ジャパン）代表取締役社長、1997年レナ・ジャポン・インスティチュート株式会社を設立、代表取締役。2015年東京急行電鉄取締役。
第15期（93年）	早川祥子	㈱資生堂	高校卒業後、1963年資生堂販売会社（滋賀）へ入社、1967年資生堂へ移籍、教育部門で13年間、商品開発・企画・広報を経て、1995年同社コミュニケーションセンター所長、1999年資生堂退社。2003年日本ハム㈱社外取締役に就任。
第16期（94年）	利重由紀子	㈱ミキモト	1989年広報課新設時に広報課長、カスタマーズ・サービスセンター設置、2000年お客様コミュニケーションセンター部長、2006年広報宣伝部長、2010年商品開発部長、2018年退社。2004年当時はミキモト・ギフト事業部部長。
第17期（95年）	伊藤晶子	㈱東芝	東芝生活文化研究所。
第18期（96年）	石川純子	㈱西友	1979年入社、大卒女性社員の定期採用2期生。1989年広報企画課課長、1994年消費者室長となり、プロパーの女性社員としては初めて部長クラスの室長就任。2002年㈳消費者関連専門家会議（ACAP）事務局長、2012年同事務局主幹。2014年特定非営利活動法人親子消費者教育サポートセンター理事、2014年消費者力支援研究所理事・事務局長。

表3—5　日本ヒーブ協議会歴代会長

（出所）日本ヒーブ協議会編『生活者と企業の豊かな関係をつくる女性たち』新水社、2004年により作成。「経歴など」欄は同書のほか、松島千代野＋篠崎悦子『あなたがヒーブHEIBになるために』（有斐閣、1982年）、『日本経済新聞』などを参照した。

（註）会長は第2期から置かれた。

な課題となり、そうした取り組みのなかから、一九九〇年代後半までの間に「働く女性のリーディング集団」という自己規定が明文化されるようになっていくのである。[*21]

3　協議会活動の展開

日本ヒーブ協議会の活動内容については、会員の能力向上のための研究会と、対外的な啓発・広報活動の二つが大きな柱となっていた。研究会は、定例で行われる毎月の「月例研究会」と、テーマごとの「自主研究会」から構成されていた。対外活動については、学生・一般対象のセミナー、外部団体との情報交換、研究成果に基づく提案活動などが主な内容であった。

まず先に、対外活動のほうから概観しておきたい。

表3―6は、協議会が開催した公開講座の例である。これによれば、ヒーブの宣伝や啓蒙に加えて、働く女性に焦点を当てたテーマや、「高度情報社会」「環境問題」「生活大国」といった一九八〇年代後半から九〇年代初頭の時代状況に即応する形で、「豊かさ」を問い直そうとするテーマが組まれていたことがわかる。

一方、一九八〇年からは女性学生を対象とした「学生セミナー」が毎年開催され、そこでは大学・企業・会員の三者を組み合わせる形式がとられた。すなわち、大学教員（家政学者）が「家

開催	種別	テーマ
1981年	講演会 講演会	どのようにして新しい市場を開いたか。キッコーマン・インターナショナル社におけるヒーブの活躍 企業とパブリックコミュニケーション
1982年	講演会 パネル討論会	社会学からみた女性と家庭 企業活動と女性の役割—ヒーブは消費者情報をどこまで活かせるか
1983年	第1回消費者セミナー 講演会 講演会 講演会	パッケージはあなたに語りかけています 商品管理とは 消費者ニーズと顧客満足 どうなるか生活者の行動—社会変化の中で—
1985年	公開シンポジウム	急進展する高度情報社会—生活者と企業のかかわりを考える—
1986年	ヒーブ公開セミナー 公開シンポジウム	企業にとって、今なぜヒーブは必要か 街が変わる・暮らしが変わる—今、ヒーブは何をするべきか—
1987年	公開シンポジウム	豊かな明日に向けて—もの・心・くらしを考える—
1988年	公開講座 公開シンポジウム	神戸・個性的な街づくり 今、豊かさとは何か
1989年	公開セミナー 公開シンポジウム 第2回ヒーブガイダンスセミナー 公開シンポジウム	最近の消費者問題と企業の消費者対応について 働く女性の望む情報と暮らし 企業にとって、今なぜヒーブが必要か 豊かさへの新たなる視点—健康・文化・暮らしの行方
1990年	公開シンポジウム	21世紀にむけての生活者と企業のあり方　豊かさの中で失われつつあるものとは
1991年	第3回ヒーブガイダンスセミナー 公開シンポジウム 公開セミナー	今、なぜヒーブが必要か 働く女性の暮らしはこれからどうなってゆくのか　働く女性の仕事・家庭 地球時代に企業・女性が果たすべき社会的役割
1992年	第4回ヒーブガイダンスセミナー 公開シンポジウム 公開セミナー 公開セミナー	企業で活躍するヒーブたちの今 環境問題を考える—生活者・企業・行政の立場から— 女性の能力の生かし方・生かされ方 生活大国ってナンですか
1993年	第5回ヒーブガイダンスセミナー 公開セミナー	企業で活躍するヒーブ達〜女性を活用しない会社は損をする⁉〜 女性が輝く時代

表3—6　日本ヒーブ協議会による公開講座の例
（出所）『ヒーブ白書——豊かな明日に向かって』日本ヒーブ協議会、1988年、21頁、『ヒーブ白書——21世紀のライフデザイン』日本ヒーブ協議会、1993年、14頁により作成。

政学とヒーブ」に関する講演を行い、企業からはヒーブの上司がヒーブの仕事ぶりや今後のヒーブに望むことなどを語り、会員は具体的な仕事の内容を話す、という組み合わせで、最後に参加者の質問に答えるという形式が通例だった。「女子学生が就職を考えるうえでの大きな情報提供の場となっている」と協議会が胸を張るように[*22]、女性の就職機会や就職情報が限定的であった時代にあって[*23]、この学生セミナーの意義は大きかったといえる。

また、一九九三年からは、「ヒーブキャリアアップスクール」の取り組みが始められた。第一回のプログラムは**表3―7**に示す通りで、働く女性のキャリアをテーマにした講座に加えて、ヒーブの具体的な仕事に即したスキルアップコースが用意されていた。ヒーブキャリアアップスクールは、会員・非会員を問わず、働く女性なら誰でも参加するスクールで、「働く女性のリーディング集団である日本ヒーブ協議会のノウハウを活かして」実施されており[*24]、広く女性のキャリア支援に取り組んでいたことがうかがえる。

他方、外部団体との交流も盛んに行われ、特に行政機関との間では、経済企画庁、通産省、農林水産庁、国民生活センター、各都道府県消費者センターなどと、積極的に交流していた[*25]。また、公開パネル討論会「企業における今後の消費者業務の展望」（一九八〇年）、ＡＣＡＰフェスティバル（一九八八年）、ＡＣＡＰワールドキャップ会議（一九九〇年）などに参加し、一九八〇年に結成されたＡＣＡＰ（消費者関連専門家会議）との交流もあった[*26]。その一方で、一九八二年に主婦連合会との「懇談会」が行われていたことは確認できるが、全体的にみて消費者団体との交流

	講演テーマ	講師（* はヒーブ会員）	
合同講座	生活者の視点を活かした企業活動とは……？	篠崎悦子 *	東京電力㈱／ * 初代会長
	女性としてのキャリアプラン	利重由紀子 今中陽子 * 大坂葉子 *	㈱ミキモト ㈱電通 キッコーマン㈱
	女性管理職―その可能性と問題点―	山内志津子 *	資生堂美容学校校長／ * 第 6 期会長
	暮らしのキーワードに見る消費者の意識の変化	小木紀之 落合良 *	名古屋経済大学教授 ソニー㈱／ * 第 3 期会長
	今、企業人として女性に期待すること	掛川貞夫	花王㈱生活情報センター所長兼花王生活科学研究所長
分科会	消費者対応の基本姿勢と新しい対応システムの創造 （消費者対応スキルアップコース）	内藤益子 * 久保田恭子 * 江川隆子 *	ジョンソン㈱／ * 第 10 期会長 ㈱三陽商会 第一生命保険㈾
	生活者感覚と商品開発マインド ～商品開発事例をもとに問題点と課題抽出～ （商品企画開発スキルアップコース）	藤田せつ * 山本真砂美 * 榎眞理 *	㈱富士通ゼネラル／ * 第 9 期会長 ㈱紀文食品 光印刷㈱

表３―７　第 1 回ヒーブキャリアアップスクール（1993 年）のプログラム
（出所）『ヒーブの仕事の本――生活者視点の活かし方』日本ヒーブ協議会、1998 年、92 頁により作成。

は乏しかった。日本家政学会との関係も踏まえると、日本ヒーブ協議会は「消費者の視点」を、消費者運動や家政学に拠らない形で模索する道を歩んでいったと位置づけられる。

さて、次に活動のもう一つの柱である研究会に目を転じることとし、ここでは、日本ヒーブ協議会の特色が色濃く出ている「自主研究会」の内容を概観しておきたい。自主研究会とは、定例の月例研究会とは別に、特定のテーマに即して自主的に会員が集まって開催される研究会のことで、新しい研究会を立ち上げる際には、有志が会員への呼びかけを行い、幹事会の承認を得るというステップが踏まれた。

最初の自主研究会は一九八〇年六月に発足した「洗濯研究会」で、一九八三年まで活動を続けた。[*27]そこで取り組まれた主要な問題は、当時流行の「生成り衣料」が、蛍光剤入りの洗剤を使って洗濯すると変色する場合があるということで、これにどう対応するかが研究された。生成り衣料は、漂白も染色もしていない繊維で、当時、自然志向のなかで木綿の生成りが流行していた。変色の原因が洗剤に含まれる蛍光増白剤の影響にあることはわかっていたが、「白さ」を売りにする大手洗剤メーカーは、蛍光増白剤を抜いた洗剤の発売に難色を示していた。

洗濯研究会では、協議会に集う洗剤、繊維、流通、家電、家庭用品、電力という各業界の会社に所属するヒーブが、合同で調査と実験を繰り返し、その成果を各業界への提言という形で発表することとした。洗剤業界に対しては、蛍光増白剤抜きの商品を増やすことや、表示をもっとわかりやすくすることを求め、洗濯機メーカーに対しては、洗剤の粉末や原液が衣料に直接触れないような構造に改善することや、取扱説明書に蛍光増白剤に関する内容を加えることなどを提言した。そのプロセスでは、ヒーブ会員企業の上司を招いてまず懇談を行い、その後、日本電子工業会、全日本婦人子供服工業組合連合会、石鹸洗剤工業会、百貨店協会といった関連の業界団体に要望を提出する形をとった。

こうした洗濯研究会の取り組みは、企業と業種を超えた交流の場である協議会の特長がよく活かされたもので、組織的活動による研究や提言のあり方も含めて、ヒーブらしさがよく発揮された成果であった。この経験は協議会のなかでも、初期の大きな成功体験として語り継がれるものとなった。[*28] 当時の消費者団体が薦める粉石鹸には、そもそも蛍光増白剤が入っていなかったことと比較すれば、洗濯研究会の取り組みは、企業側の都合を最大限くみ取ったうえで、商品や表示の工夫を通じて現実的な落とし所を探ろうとするところに特徴があった。異議申し立てやオルタナティブの提示といった運動的な問題解決とは異なる、いわばヒーブ的問題解決の方向性が、ここにはよくあらわれているといえよう。

その他の自主研究会については、**表3―8**として、一九九三年時点の一覧を整理した。消費者対応、マーケティング、お客様コミュニケーションといった業務に即した内容のほか、情報化、朝食、環境問題、福祉、衣生活などがテーマになっていたことがうかがえる。それらのテーマにも、「働く女性」というキーワードが関わるものが多く、会員自らの「働く女性」としての就労視点は、広く消費の問題を考えるベースにもなっていた。なお、「働く女性」にとっての「子ども」をテーマとした「1・57を考える研究会」は、キャリアと出産・育児の両立の問題を考えるもので、本書の問題関心にとって重要な内容を含んでいるため、第5章で詳しくとりあげることとしたい。

これら自主研究会のなかで、特に目立った成果を挙げたものという意味では、「朝食研究会」の活動が注目される。一九八六年に設立された朝食研究会は、簡単で充実した朝食のメニュー開発や、その普及活動に取り組んだ研究会で、ここでも異業種交流の利点がよく発揮された。具体的には、食器メーカー、家電メーカー、食品メーカーなどのヒーブが集まり、「日清製粉の粉で、日立・東芝・ナショナル等の自動パン焼き器を使って焼いたパンを、例えばパイレックスの器で、明治乳業のグラタンをかけて焼く」といった形で研究に取り組んでいた。*29「家電メーカーでもパンの性質を知っていなければいけない」し、「製粉メーカーでもオーブンや電子レンジの性質を知っていなければいけない」ということで、それぞれのヒーブにとっても、関連分野の商品知識を身につける絶好の機会となっていた。忙しい朝でも簡単にできるバランスのよい朝食を提案した朝食研究会の成果は、『働く女性たちが考えた朝食の本』として出版され、メディアからの反響も大きく、[*30]初期の「洗濯研究会」に次ぐ大きな成果に数えられた。

こうした協議会の取り組みは、ヒーブの認知度を高めることにもつながった。「参加企業においては、ヒーブの能力を認識し、会員が他業界からの有益な情報を企業に提供していると評価されている」として、[*31]協議会としては企業側の理解を得られているという感触をもっていた。また、序論で紹介した通り、労働省「職業名索引」の一九八六年改訂時には、「ヒーブ」が記載されるようになっており、一定の社会的認知は得られていた。学生セミナーの取り組みも踏まえれば、特に就職を考える女性学生には、ヒーブや協議会が一定程度認知される状況にあったと考えられる。ただし、一九八八年の時点で協議会は、「一般の人には、ヒーブが何であるのかがはっきり認識されておらず」「もっと一般の人にもPRが必要」だと考えていた。[*32]なお、ヒーブの社内認知度については重要な論点なので、次章で詳しくみていくこととしたい。

以上のように、日本ヒーブ協議会は、研究会や対外活動にさまざまな形で活発に取り組んでいったが、そこでの組織運営の実践は、会員であるヒーブにとってマネジメントの経験を積む貴重な機会にもなっていた。その点は自覚的に意識されており、「会員は主体的に会の運営などに

名称	設立	活動主旨	実績など	人数	委員長
働く女性の暮らし研究会	1986年	働く女性の生活を支援・拡張するための情報関連ビジネスのあり方を探る	『社会進出する女性と住宅情報化に関する意識調査』報告書作成	19	三菱電機㈱ 刀根静香
消費者対応研究会	1986年	生活者の視点を生かし、企業の新たな消費者対応を探る	「企業と消費者の新たなる接点」レポート作成、「消費者窓口の役割、理想の組織作り」シュミレーション実施	40	エイボンプロダクツ㈱ 富樫裕子
朝食研究会	1986年	簡単に作れてより充実した朝食のメニュー開発とヒーブ会員および一般への普及活動を行う	『働く女性たちが考えた朝食の本』出版（1991年）、同書をベースに料理教室を開催、朝食セミナーの開催、展示会（ACAPフェスティバル）への参加	9	マリンフーズ㈱ 渋谷貴美子
これからのマーケティングを考える会	1988年	マーケティングの基礎を学び、これからのマーケティングのあり方について考える	『忙しいワーキングママの生活行動調査』報告書発行（1992年）、神戸会議にて発表（1992年）	14	松下電器産業㈱ 山本千草
お客様コミュニケーション技術研究会	1988年	お客様対応部門の会員による「情報交換」「自己研鑽」を行い、社内フィードバックを目指す	『電話応対実務マニュアル』の発行（1992年）、公開講座「顧客応対とテレマーケティング」（1990年）・「電話応対に対する考え方」「電話応対のポイント」（1991年）	12	㈱タカラブネ 弓波福子
エコリング・フォーラム	1990年	環境問題についての生活者の意識・行動を知り、ヒーブとしてできることは何かを探る	「生活排水とゴミに関する調査」を実施し、『環境に配慮したライフスタイルの研究』報告書発行（1992年）、神戸会議にて発表（1992年）	17	㈱東急百貨店 大和田順子
1.57を考える研究会	1991年	「生む性である女性でありかつ働き続けたい」ヒーブの視点から出生率の低下について考察する	会員対象にアンケートを実施し、働く女性にとっての「子ども」や、「子ども」を持つ事を阻む要因を分析	7	コンビ㈱ 鈴木あけみ
福祉を考える研究会	1992年	企業・ヒーブとしてボランティアの取り組み方を探ると共に相互のパイプ役をめざす	使用済切手の回収、フォスタープラン基金づくりの検討、さらに、ヒーブ会員の専門知識・技術などをボランティアとして社会へ提供しながら啓蒙活動する方法を検討	14	朝日食品工業㈱ 下澤尚子
これからの衣生活を考える会	1993年	最近の衣生活の動向を探り、「衣類の手入れについて」ヒーブとして提言していく	繊維メーカー、家電メーカーより最近の動向について説明、問題提起	9	花王㈱ 柴山瑞枝

表3—8　日本ヒーブ協議会の自主研究会（1993年時点）
（出所）『ヒーブ白書——21世紀のライフデザイン』日本ヒーブ協議会、1993年、24-25頁により作成。

参加することにより、企業の中では経験できないマネージメントも勉強して欲しい」と呼びかけられた。[*33]協議会を顧問として支える高原須美子は、初代会長の再選をやめ一期交代するよう助言し、その助言はここまでみてきたように守られていったが、[*34]それも多様な人材の掘り起こしというだけでなく、マネジメントの経験をより多くの人に積んでほしいという含みがあってのことだった。近藤康子（サントリー）も、「自分の経験等から考えてみますと、いろいろな活動の中で委員をして、擬似マネージングができた」と語り、協議会では「会社の中ではとても経験できないことを経験できる」ので、「会社の中で男性を動かす時、後輩に動いてもらうとか、他の部署から予算をとってくるとかする時の何がしかの訓練に」もなったという。[*35]協議会活動の組織運営の経験自体が、会員の能力向上とキャリアアップに資するものであったことがうかがえる。

4　「働く女性」の焦点化

ここで改めて、日本ヒーブ協議会が「働く女性」の問題にどのような関心を示していたのかを整理しておきたい。

協議会の刊行物から「働く女性」に関連するものを具体的に列挙すると、『職業をもつ主婦の意識と実態』（一九八一年）、『働く女性と暮しの調査』（一九八六年）、『働く女性の環境と課題』

（関西支部、一九八七年）、『働く女性の望む情報と暮し』（一九八九年）、『働く女性たちが考えた朝食の本』（一九九一年）、『働く女性と暮らしの調査（第2回）』（一九九一年）、『働く女性とコミュニケーションに関する調査』（一九九一年）、『日米ヒーブ・ワーキングウーマンの仕事と暮らし』（一九九一年）、『働く女性のための食生活ハンドブック』（一九九三年）、『女性の社会進出と住まいの情報化』（一九九三年）、『女性にとって働きやすい企業とは』（九州支部準備会、一九九四年）、『働く女性と暮らしの調査（第3回）』（一九九五年）というように、特に一九八〇年代後半から「働く女性」を焦点にあてたものが増えていったことがうかがえる。

ここではそのうち、「働く女性と暮らしの調査」に即して関心の推移をみておきたい。

一九八一年の『職業をもつ主婦の意識と実態』という調査は、「働く女性の暮らしの調査」の前身にあたる。その「まえがき」には、「近年女性の社会進出には目ざましいものがあり」、「職業をもつ主婦（被雇用主婦）」の「生活ぶりを把握することは、今後の消費者の行動の方向をつかむ上でも意義あること」と述べられている。[*36] 調査対象は、週三日以上雇用されている二〇―四〇代の「主婦」という条件で、「日本ヒーブ協議会会員が、その周囲より任意に抽出」する形で選ばれた。こうした調査の位置づけからは、日本ヒーブ協議会が、「女性の社会進出」を被雇用者として働く女性の増加と捉えたうえで、それを新しいタイプの「消費者」として把握しようとしていたことがうかがえる。

それに対して、一九八六年の『働く女性と暮しの調査』は、直接には「高度情報社会とヒーブ」という協議会第七期の活動テーマから生まれたものであったが、「高度情報技術」や「ニューメディア技術」の「使用者のニーズ」をつかむべく、「専業主婦とは異なった生活時間を過ごすフルタイムで働く女性」に、そうしたニーズがどうありうるのかを探ろうとしたものであった。後から振り返ってこれがその後も続く「働く女性と暮らしの調査」の第一回目となったが、その後の調査に比べると、「働く女性」を「消費者」としての側面から捉えようとする性格が色濃く、先の『職業をもつ主婦の意識と実態』調査を引き継いだ面があった。調査対象は、「20〜39才のフルタイムで働く女性（首都圏・京阪神地区居住者）」と「日本ヒーブ協議会会員」からの「有意抽出」で、やはりヒーブとその周囲の女性から選ばれていた。

その後、「働く女性と暮らしの調査」については、一九九一年に第二回、一九九五年に第三回、一九九八年に第四回の調査がまとめられ、二〇一三年に第九回を数えるまで実施されてきた。いずれもヒーブ会員およびその周囲でフルタイムで働く女性たちを対象としている。調査結果の報告書には、毎回副題が添えられ、第二回は「働く女性の生活価値観」、第三回は「働く女性の生活と仕事の価値観」、第四回は「働く女性の描くライフデザイン」となっており、しだいに、「働く女性」を「消費者」として捉えようとする視点よりも、働く女性の暮らしや生き方それ自体をみつめようとする視点が前景化していったことがわかる。

具体的な調査項目をみても、第一回調査（一九八六年）においては、「仕事」「生活全般」「衣生活」「食生活」「住生活」「健康管理」「家計管理」「日常の買物」「育児」「余暇」「情報」「コミュニケーション」「家事の役割分担」「〔家庭生活の〕自動化」となっていたものが、第三回調査（一九九五年）では、「仕事」「職場における男女差別」「育児」「生活の重点項目」「家事の役割分担」「食事」「日常の買い物で困っていること」「家計管理」「余暇」「情報」「ネットワーク」「コミュニケーション」「社会活動」「環境問題」「仕事以外の関心事」「女性の社会進出」という内容になっており、より広く職場や社会の問題として「働く女性」を捉えるようになっていったことがわかる。

「働く女性と暮らしの調査」では、毎回、調査結果を踏まえた「提言」もまとめられている。**表3―9**は、第一回と第二回の提言を整理したものであるが、いずれも働く女性、企業、行政に対するメッセージの形をとり、第二回には「親愛なる男たちへ」という項目が加わっている。提言の内容はフルタイムで働く女性の課題に即した内容で、夫や家族の家事参加、家庭のマネジメント、地域社会との積極的な関わり合い、時間の制約を踏まえた企業・行政サービスへの要望など、「働く女性」の当事者だけでは解決できない課題が列挙されている。

特に第二回の提言においては、男性中心の企業文化を乗り越えようとする呼びかけが含まれている。「親愛なる男たちへ」では、「女性が人間として女性らしく生きられない社会は、男性も男性らしく生きることができないのではないだろうか」、「あなたは自分で「生活」しているだろうか。誰かに生活部分をまかせきっているのではないだろうか」、「あなた自身で生活マネジメントをしてみよう。すると、見えてくるものがあるだろう。それはきっと地球や人間や社会にとって重要なことであるはず。そして、それはあなた自身とあなたの家族にとっても大切なことではないだろうか」と呼びかけ[*37]、前章でみた落合良の「会社人間」批判に通じる内容が盛り込まれていた。

このように、日本ヒーブ協議会による「働く女性」への視線は、性別役割分業の問い直しにまで踏み込むもので、ケア負担を免れた男性本位の働き方に傾斜していく日本型雇用の問題点を、正面から批判するところまで伸びていたのである。そこには、いわば「ケアの男性化」が社会を変えていくことへの期待もあった。

翻って、ヒーブにはヒーブとして、「働く女性」として社会を変えていくことが期待されていた。一九八三年の協議会における座談会の場で、高橋久子（労働保険審査会員・前労働省婦人少年局長）は、「社会の表の活動」が「男性の論理」で動いてきたために、公害問題などが起こるような成長優先のいびつな発展に終始してきたという認識を示したうえで、次のように発言している[*38]。

こういう状況の中で、婦人の能力をもっと社会に生かそうという声が、国際的にも起こってきているわけです。つまり男性の論理で動いていた社会の中に、女性の視点を入れていこうということです。私は男性と女性は全く同じものだとは思いません。同じものではないからこそ、その女性の視点というものが社会を動かしていく上に、必要じゃないかと思うのです。〔…〕

	第 1 回	第 2 回
刊行年	1986 年	1991 年
副題	高度情報社会との接点を求めて	働く女性の生活価値観
働く女性たちへ	・長期的なキャリアプランとライフプランを早めにたて、自己啓発に努めよう。 ・家族を甘やかさず、家庭の運営に家族の参加を呼びかけよう。 ・家族や地域に目を向け、積極的なかかわりあいを持とう。 ・経済感覚を身につけ、賢い生活者になろう。	・自己実現のために（キャリアプラン、ネットワークづくり、前向きに努力）。 ・生活感覚を生かそう（男性中心のピラミッド型階層組織で従来通りの企業人になっていないか）。 ・家庭の役割を見直そう（生活者として未熟な家族には家事教育プログラムを、家庭を通して地域社会やいろいろな人々とふれあいを）。
企業へ	・フルタイムで働く女性がもつ暮らしへの心理的・感情的なこだわりを大切にした製品が望まれる。 ・「時間」の壁を乗りこえたきめ細やかなサービスが望まれる。 ・欲しい情報を必要なときに確実に提供してほしい。 ・ヒーブをはじめとする生活者の視点をもった人材の積極的活用が望まれる。	・男女ともが人間らしく働ける環境の整備（多様な労働形態を、時間選択や休業中の経済的助成を）。 ・教育・昇格の機会を均等に（「ガラスの天井」がある）。 ・経営・企画、人事・開発部門の責任ある地位に女性登用を（女性登用は国際的な企業評価基準）。 ・地球社会・国際社会の 21 世紀における企業のあり方を皆で考えよう（リサイクル、ボランティア参加）。
行政へ	・フルタイムで働く女性の生活を配慮した、行政窓口の柔軟な時間対応や、教育・育児・医療・福祉など、システム全体の見直しと対策を望みたい。 ・男女ともに早い時期から生活者教育を実行してほしい。 ・誰もが人間らしく生きていける社会にするために、コンセンサスが生まれる社会風土作りをしてほしい。	・「顧客の満足」を追求する姿勢を（時間、場所、手段で行政サービスの拡張を、高齢者や身体の不自由な人にやさしい社会を）。 ・女性の社会参加推進策を（各種審議会や委員会などに女性を）。 ・リサイクル型社会への対応を。
親愛なる男たちへ	—	・自分で「生活」してみよう。 ・大人の女性と対話を。

表３―９　「働く女性と暮らしの調査」提言の概要（1986 年、1991 年）
（出所）『働く女性と暮しの調査（第 1 回）――高度情報社会との接点を求めて』日本ヒーブ協議会、1986 年、『働く女性と暮らしの調査（第 2 回）――働く女性の生活価値観』日本ヒーブ協議会、1991 年により作成。

今の社会の中に女性の視点を入れることによって、もっと社会のいびつをなくし、社会の生産から消費までの循環が、スムーズに行なわれるようになっていかなければいけないんじゃないか。そのためには、ヒーブの団体はもちろん、それ以外の団体に属している人も含め、働く女性が、自分が現在社会に置かれている状況をよく自覚して、その中で自分の能力を生かしていくということが必要じゃないでしょうか。

ヒーブはこうした期待の声を背にして、女性性に固有の意味を求める姿勢を手放さなかった。しかし、男性中心の企業文化にあって、「男並み化」を拒否して女性性を貫くのは、もちろん容易なことではない。一九八八年の時点で、近藤康子（サントリー）は次のように述べている。*39

働く女性が増えてくると、キャリア志向を持った女性が増えてきます。そうすると男性に伍して頑張ってポストをねらうという事になってきますと生活者の感覚を女性自身が失っていってしまうんじゃないかという事が恐いですね。ですから、ヒーブの事でも、非常に頑張って汗をかいていますと果たしてこういうふうにやっていて、本来ヒーブが持っていた良さというものが失われるんじゃないかという不安感をフッと持つ事があるんですね。

このときの近藤は課長職にあり、サントリーグループ初の女性管理職の一人となっていたが、近藤は部長への昇進を経た二〇〇四年の時点でも、ヒーブの女性性に希望を託していた。[*40]

> 子供を産むのは女だし、母乳を与えるのも女なんですよ。生命を生み、守るという本能を与えられている。コンプライアンスや企業論理〔倫理？――引用者註〕だとかについては男女の差はないですが、消費者が日々生きていく上でいま何を求めているかは女のほうが分かる。女性の声が大きいことに対して世の中の抵抗はまだ強いですが、善し悪しは別として、女性はそこではすぐれていると思うんです。すぐれているんだからもっと努力して、男性の倍も二倍もさらに上にいくだけの消費者ニーズの分析能力だとか、消費者感覚を養うことを絶対にしなくてはいけない。やっぱりスカートをはき続けなくちゃいけないと思う。

ここには、キャリア女性の「男並み化」を拒否することの困難と、しかしその困難を乗り越えた先にこそヒーブの意義があるという姿勢がみてとれよう。男性中心の企業文化のなかで、「働く女性」としての女性性に社会を変える期待を託し、「ヒーブらしさとは何か」という問いを捨てず、女性だからこそ活躍できる道を探ろうとしたのが、日本ヒーブ協議会に集うヒーブと呼ばれた女性たちであったのである。

＊＊＊

以上ここまでみてきたように、日本ヒーブ協議会には、会員が個人資格で加入するものの、会社が会費を負担し、就業時間内での活動を認めることで初めて参加することができた。会員を女性に限定することは、協議会が意識的に選び取ったことであり、たびたび議論になりつつも、協議会の基本線として維持されていく条件となった。フルタイム就業で長期勤続をめざす高学歴女性にとって、協議会は貴重な社外ネットワークとして機能し、そうした女性社員の扱いに慣れない会社側にとっても、協議会に女性の能力開発を期待する側面があった。男性を排除した協議会のあり方は、女性ネットワークの自律性を一面で確保するものであったが、究極的には企業の意思に左右される組織であることを免れえなかったから、会員数の動向を理解するうえでも、そこに企業の意思を読み込む視点が必要となるように思われる。

会員の所属企業には、BtoC の要素をもつ有名企業が数多く名前を連ねていた。一九九〇年代半ばに会員数がピークを迎えた頃には、会員数は四〇〇人を超え、会員企業数は二五〇社近くにも上っていた。会員の社内での業務は、消費者対応、商品開発、マーケティング、広報、広告宣伝などが中心で、長期勤続の会員が一定の割合で厚みを増していく一方、若年会員の入れ替わりは大きく、結婚、出産、育児を理由とした若年での退職が少なくなかったとみられる。長期勤続を果たすシニアの会員のなかからは、各社で「女性初の」といわれる管理職女性を何人も輩出しており、一九九〇年代後半までの間に、協議会は「働く女性のリーディング集団」を自称するまでになっていた。

協議会の活動には、企業と業種を超えた交流の場である強みがよく活かされ、衣食住や暮らしに関わるテーマを掘り下げていくことに一つの特長があった。それは単なる交流や勉強に終わらず、調査研究やそれを踏まえた提言活動も活発に行い、具体的な商品やサービスの提案に結びつけていくものとなった。ヒーブはあくまでも企業活動をベースにしており、消費者運動のような社会運動とは問題解決の基本的なあり方が異なっていたといえる。そうした活動を通して、協議会は「働く女性」という「消費者」をいわば自らのうちに発見し、ヒーブ自身の抱える悩みや問題のなかにこそ、新しい時代のニーズがあるはずだという認識を深めていった。そうした認識は、やがて「会社人間」たる男性中心の企業文化への根源的な疑問に行き当たり、就労視点を前景化させる形で、「働く女性」をめぐる諸問題をより広く捉えていくことにもつながった。

註

＊1　『ヒーブ白書――女はこう働く』日本ヒーブ協議会、一九八三年、三頁。
＊2　前掲『ヒーブ白書――女はこう働く』三頁。

＊3　前掲『ヒーブ白書――女はこう働く』一頁。『ヒーブ白書――豊かな明日に向かって』日本ヒーブ協議会、一九八八年、五頁。『ヒーブ白書――21世紀のライフデザイン　より良い社会のために働くヒーブ』日本ヒーブ協議会、一九九三年、一〇頁による。
＊4　前掲『ヒーブ白書――21世紀のライフデザイン』九頁。
＊5　有限責任中間法人は、中間法人法（二〇〇一年公布・二〇〇二年施行）に基づく法人の一種で、営利も公益も目的としない法人である中間法人のうち、出資者が出資した金額の限度で責任を負うという、株式会社と同様の責任形態をとるものをさす。中間法人法は二〇〇八年に廃止され、既存の中間法人は一般社団法人へ移行することとなった。
＊6　「わたしたちのあゆみ」日本ヒーブ協議会HP（http://www.heib.gr.jp/about_us/history/）参照。
＊7　会員一三〇人のうち回答があった八三人についての集計。『企業の消費者関連部門で働く女性像――日本ヒーブ連絡協議会会員実態調査報告』日本ヒーブ連絡協議会、一九七九年、四頁。
＊8　落合良は、「家政学部出身者にとらわれないでスタートしたことが、日本ではとても良かったと思う」と回想している（日本ヒーブ協議会編『生活者と企業の豊かな関係をつくる女性たち』新水社、二〇〇四年、一一三頁）。
＊9　「今後の展望」前掲『ヒーブ白書――女はこう働く』六一頁。なお、この点に関して、篠崎悦子は「男性にも門戸を開けたら、出席者は消費者問題担当の男性ばかり、ということにもなりかねませんからね。企業の消費者担当部長は女性がほとんど、という時代になれば別ですけど」と述べている（「この人と5分間　日本ヒーブ協議会会長（東京電力ホームエコノミスト）篠崎悦子さん」『日経産業新聞』

一九七九年一〇月五日付)。この発言は、第4章で詳述するACAP(消費者関連専門家会議、一九八〇年結成)との関係を念頭に置いたものと理解できる。

＊10 前掲『企業の消費者関連部門で働く女性像』七頁。

＊11 「ワイド特集 創立20周年を迎えてヒーブの実力度」『消費と生活』二二四号、一九九八年、六一頁。

＊12 鈴木収(イトーヨーカ堂消費者室統括マネージャー)「企業の立場からみた日本のヒーブ」『消費と生活』一一〇号、一九七九年、二一頁。

＊13 一九八五年一〇月調査、会員数二三九名のうち回収票二〇八名(回収率八七%)。『第4回日本ヒーブ協議会会員実態調査』日本ヒーブ協議会組織委員会、一九八六年、一頁。

＊14 前掲、日本ヒーブ協議会編『生活者と企業の豊かな関係をつくる女性たち』一一七―一一八頁。

＊15 前掲、日本ヒーブ協議会編『生活者と企業の豊かな関係をつくる女性たち』一一八頁。

＊16 前掲『ヒーブ白書――豊かな明日に向かって』一四頁によれば、一九七九年から一九八六年まで計八回の懇談会が年一回のペースで開催されていることが確認できる。また、前掲『ヒーブ白書――21世紀のライフデザイン』一七頁には、一九九一年と一九九二年に懇談会が行われたことが記されている。

＊17 「新しく顧問となられた諸先生」『ヒーブ』二号、一九七九年、四頁、国立女性教育会館所蔵。

＊18 前掲『ヒーブ白書――豊かな明日に向かって』七三頁。

＊19 「特別座談会 ヒーブへの期待と提言」における内藤益子(ジョンソン㈱、日本ヒーブ協議会会長)の発言(前掲『ヒーブ白書――豊かな明日に向かって』五二頁)。

＊20　山内志津子＋岡橋葉子「新春対談　日本ヒーブ協議会の活躍を聞く」『商店界』七四巻五号、一九九三年、一二九頁。
＊21　『ヒーブ仕事の本――生活者視点の活かし方』日本ヒーブ協議会、一九九八年、六頁。
＊22　前掲『ヒーブ白書――豊かな明日に向かって』一五頁。
＊23　早稲田大学の女子学生が『私たちの就職手帖』を創刊したのは一九八〇年のことで、日本初の「女子学生による、女子学生のための就職情報誌」であったといわれる。
＊24　前掲『ヒーブの仕事の本』九二頁。
＊25　前掲『ヒーブの仕事の本』七七頁。
＊26　ＡＣＡＰについては第4章で詳述する。
＊27　「商品トラブル　業種こえ取り組み」『朝日新聞』一九八三年三月三日付。
＊28　「特別座談会　ヒーブへの期待と提言」前掲『ヒーブ白書――豊かな明日に向かって』五三頁。
＊29　「特別座談会　ヒーブへの期待と提言」での発言（前掲『ヒーブ白書――豊かな明日に向かって』五三頁）。
＊30　「朝食、もう少し大切に　働く女性の研究会が手作りのレシピ」『朝日新聞』一九九一年五月二九日付、「日本ヒーブ協議会、働く女性に朝食メニュー案」『日経流通新聞』一九九二年八月二九日付など。
＊31　前掲『ヒーブ白書――豊かな明日に向かって』七四頁。
＊32　前掲『ヒーブ白書――豊かな明日に向かって』七四頁。
＊33　前掲『ヒーブ白書――豊かな明日に向かって』七四頁。

＊34　高原須美子「特別寄稿――創立15周年へのメッセージ」前掲『ヒーブ白書――21世紀のライフデザイン』七五頁。
＊35　「特別座談会　ヒーブへの期待と提言」前掲『ヒーブ白書――豊かな明日に向かって』五〇頁。
＊36　『職業をもつ主婦の意識と実態』日本ヒーブ協議会調査委員会、一九八一年。
＊37　『働く女性と暮らしの調査（第２回）――働く女性の生活価値観』日本ヒーブ協議会、一九九一年、二一頁。
＊38　「特別座談会　これからのヒーブに期待するもの」前掲『ヒーブ白書――女はこう働く』四六―四七頁。
＊39　「特別座談会　ヒーブへの期待と提言」前掲『ヒーブ白書――豊かな明日に向かって』五九頁。
＊40　前掲、日本ヒーブ協議会編『生活者と企業の豊かな関係をつくる女性たち』六八頁。

34	森永乳業	株式	食品	○	○	○		○	○	食料品	33	684	5,510	4,379
35	ヤクルト本社	株式	食品	○	○	○	○	○		食料品	9	230	15,230	2,789
36	雪印食品	株式	食品	○				○	○	食料品	143	3,153	1,108	1,730
37	雪印乳業	株式	食品	○	○	○			○	食料品	8	219	15,975	8,431
38	アース製薬	株式	化学	○	○	○	○	○		医薬品	56	1,751	2,031	659
39	アイスター商事	株式	化学							スーパー	133	15,519	226	25
40	旭化成工業	株式	化学	○	○				○	繊維	1	146	23,775	15,595
41	アルビオン	株式	化学	○	○	○				香料化粧品	20	4,433	792	1,350
42	エイボンプロダクツ	株式	化学	○						香料化粧品	9	1,539	2,344	1,700
43	大塚製薬工場	株式	化学		○	○				医薬品	17	363	10,210	2,165
44	花王	株式	化学	○	○		○	○	○	洗剤・油脂	1	106	31,125	6,509
45	呉羽化学工業	株式	化学	○	○		○	○	○	化学	5	171	20,776	2,560
46	コスメティッククリエーションパリ	株式	化学											
47	小林コーセー	株式	化学	○	○			○		香料化粧品	4	637	5,926	5,200
48	サンスター	株式	化学	○	○	○	○	○	○	香料化粧品	11	1,995	1,772	868
49	資生堂	株式	化学	○	○	○	○	○	○	香料化粧品	1	199	17,521	14,891
50	ジョンソン	株式	化学	○	○					洗剤・油脂	9	2,133	1,661	591
51	ジョンソン&ジョンソン	株式	化学	○						繊維	115	9,857	358	450
52	白屋	株式	化学	○						その他	3,240	62,056	51	341
53	第一石鹸	株式	化学											
54	大正製薬	株式	化学	○	○	○	○	○	○	医薬品	3	92	34,182	3,650
55	高砂香料工業	株式	化学						○	香料化粧品	17	2,939	1,194	848
56	中野製薬	株式	化学	○	○					香料化粧品	27	6,157	564	304
57	日本エンジニアリングサービス	株式	化学											
58	日本シャクリー	株式	化学							飲食料小売	2	832	4,500	119
59	日本メナード化粧品	株式	化学	○	○			○		香料化粧品	5	751	5,016	1,200
60	ノエビア	株式	化学	○	○			○		香料化粧品	3	606	6,185	1,255
61	パピリオ	株式	化学											

付表 1　日本ヒーブ協議会の正会員企業一覧（1988 年 10 月時点）

（出所）『ヒーブ白書——豊かな明日に向かって』日本ヒーブ協議会、1988 年、86-87 頁により作成。

（註 1）四季報・女子学生版は、『就職四季報 '85　女子学生版』『会社四季報　女子学生就職版 '91』（東洋経済新報社）の掲載企業。

（註 2）法人所得ランキングは、『週刊東洋経済　日本の会社 76,000』1988 年 6 月による。総法人数 203 万 5,991 のうち、4,000 万円以上の申告所得のあった法人 7 万 6,319 が掲載の対象。

No.	社名	種別	業種	正会員 1993年	正会員 1998年	正会員 2013年	四季報・女子学生版 1985年	四季報・女子学生版 1991年	法人所得ランキング（1987年） 上場	業種別順位	総合順位	所得（百万円）	従業員数（人）
1	旭松食品	株式	食品	○	○					食料品 169	3,764	929	440
2	味の素	株式	食品	○	○	○	○	○	○	食料品 3	113	29,415	5,529
3	味の素サービス	株式	食品	○						広告 105	22,270	156	184
4	アンデルセン	株式	食品	○	○	○				食料品 267	6,256	556	400
5	上島珈琲	株式	食品	○	○					食料品 52	971	3,796	2,247
6	オランダ酪農協会		食品										
7	キッコーマン	株式	食品	○	○	○		○	○	食料品 41	815	4,591	3,419
8	キューピー	株式	食品	○	○				○	食料品 23	565	6,755	2,141
9	キリンビール	株式	食品	○	○	○	○	○	○	食料品 1	38	81,938	7,656
10	サントリー	株式	食品	○	○	○	○	○		食料品 12	241	14,527	4,789
11	シマヤ	株式	食品							食料品 225	5,100	685	430
12	大洋漁業	株式	食品	○			○	○	○	農林・水産 1	361	10,269	3,988
13	タカキベーカリー	株式	食品	○	○	○	○	○		食料品 238	5,439	641	1,090
14	宝酒造	株式	食品	○	○		○	○	○	食料品 14	270	13,380	1,867
15	タカラブネ	株式	食品	○				○	○	食料品 103	2,148	1,645	823
16	中沢交易	株式	食品	○									
17	中埜酢店	株式	食品	○	○					食料品 39	790	4,751	1,500
18	中村屋	株式	食品	○				○	○	食料品 63	1,171	3,086	1,627
19	ナチュラルグループ本社	株式	食品	○						食料品卸売 24	3,652	954	140
20	日魯漁業	株式	食品	○	○				○	農林・水産 5	3,896	903	2,200
21	日清製粉	株式	食品	○	○	○		○	○	食料品 7	194	18,010	1,012
22	日本コカ・コーラ	株式	食品							食料品卸売 1	71	41,994	770
23	日本水産	株式	食品	○	○		○	○	○	農林・水産 2	880	4,213	3,962
24	日本製粉	株式	食品	○	○	○	○	○	○	食料品 40	796	4,718	1,484
25	日本乳業協議会		食品	○									
26	日本マクドナルド	株式	食品					○		外食業 2	418	9,042	2,620
27	ハウス食品工業	株式	食品	○	○	○			○	食料品 11	237	14,661	2,970
28	プリマハム	株式	食品	○	○	○		○	○	食料品 91	1,786	1,981	3,337
29	まほろば	株式	食品	○	○								
30	明治製菓	株式	食品	○	○	○			○	食料品 17	345	10,773	5,432
31	明治乳業	株式	食品	○	○	○	○		○	食料品 29	656	5,734	5,692
32	モーツアルト	株式	食品										
33	森永製菓	株式	食品	○	○	○							

94	西武百貨店	株式	流通	○			○	○		百貨店月販	11	895	4,132	13,811
95	第一家庭電器	株式	流通					○	○	家電品小売	20	3,411	1,019	1,095
96	ダイエー	株式	流通	○	○			○	○	スーパー	6	228	15,493	15,571
97	千葉薬品（スーパーヤックス）	株式	流通											
98	ニチイ	株式	流通	○			○	○	○	スーパー	4	180	19,663	7,904
99	藤沢小田急	株式	流通							百貨店月販	96	48,448	68	308
100	フタバゴルフ	株式	流通							その他卸売	2,183	58,204	55	39
101	丸井	株式	流通	○	○		○	○	○	百貨店月販	1	95	33,585	8,479
102	ミキモト	株式	流通	○	○					その他小売	52	7,893	445	599
103	ヤマノ＆アソシエイツ		流通											
104	岩城硝子	株式	家庭用品	○						ガラス	7	1,477	2,455	811
105	サランラップ販売	株式	家庭用品	○	○					その他卸売	133	7,214	487	60
106	ソーコー	株式	家庭用品							化学	659	23,542	147	193
107	象印マホービン	株式	家庭用品	○	○		○		○	その他製造	52	16,704	210	964
108	タイガー魔法瓶	株式	家庭用品	○	○					その他製造	5	2,545	1,376	700
109	ニッコー	株式	家庭用品	○	○									
110	日本アムウェイ	株式	家庭用品	○	○					薬化粧小売	1	137	25,477	165
111	日本タッパーウェア	株式	家庭用品	○	○					化学	44	1,013	3,582	550
112	ノーリツ	株式	家庭用品	○					○	金属製品	11	694	5,422	1,636
113	ピジョン	株式	家庭用品	○	○					化学	342	9,782	360	420
114	ユニ・チャーム	株式	家庭用品	○	○	○	○		○	化学品卸売	17	1,345	2,693	642
115	リッカー	株式	家庭用品											
116	レック	株式	家庭用品	○	○				○	その他卸売	67	4,217	832	245
117	需要創造研究所	株式	企画調査											
118	女性の生活研究室		企画調査	○	○									
119	シンクスマーケティング	株式	企画調査											
120	電通リサーチ	株式	企画調査							情報・通信	198	21,161	164	69
121	ドウ・ハウス	株式	企画調査	○	○									
122	日本リサーチセンター	株式	企画調査	○	○					情報・通信	389	42,066	80	90
123	ビデオリサーチ	株式	企画調査	○	○					情報・通信	37	4,493	781	263
124	マーケティング開発	株式	企画調査											
125	マーケティング教育研究所	株式	企画調査											
126	ミックブレインセンター	株式	企画調査	○	○									

付表2　日本ヒーブ協議会の正会員企業一覧（1988 年 10 月時点）（続き）
出所、註は付表 1 を参照。

No.	社名	種別	業種	正会員 1993年	正会員 1998年	正会員 2013年	四季報・女子学生版 1985年	四季報・女子学生版 1991年	法人所得ランキング（1987年） 上場	業種別順位		総合順位	所得（百万円）	従業員数（人）
62	プロクター・アンド・ギャンブル・ファー・イースト・インク		化学	○	○									
63	ベンキーザー	株式	化学											
64	ポーラ化粧品本舗	株式	化学	○	○					化学品卸売	7	811	4,623	996
65	マックスファクター	株式	化学	○						香料化粧品	51	14,525	242	480
66	ライオン	株式	化学	○	○	○		○	○	洗剤・油脂	2	341	10,848	3,994
67	レ・ピアス	株式	化学	○										
68	沖電気工業	株式	電機	○			○							
69	三洋電機	株式	電機	○	○			○	○	電気機器	42	671	5,611	35,416
70	シャープ	株式	電機	○	○		○	○	○	電気機器	7	82	37,599	22,766
71	住友スリーエム	株式	電機	○	○		○	○		その他	3	275	13,072	2,057
72	ソニー	株式	電機	○	○		○	○	○	電気機器	9	88	35,063	15,364
73	ダイキン工業	株式	電機	○				○	○	機械	7	250	14,150	6,589
74	東芝	株式	電機	○	○	○		○	○	電気機器	5	74	40,948	71,404
75	日本電気ホームエレクトロニクス	株式	電機	○		○								
76	パイオニア	株式	電機				○	○	○	電気機器	22	291	12,460	7,261
77	日立製作所	株式	電機	○	○	○		○	○	電気機器	3	36	88,684	77,741
78	フィリップス	株式	電機											
79	富士ゼロックス	株式	電機	○	○		○	○		機械	2	76	40,026	12,000
80	富士通ゼネラル	株式	電機	○	○									
81	松下電器産業	株式	電機	○	○	○	○	○	○	電気機器	2	20	137,839	40,288
82	松下電工	株式	電機	○	○			○	○	電気機器	6	79	39,267	13,951
83	松下冷機	株式	電機	○	○				○	電気機器	43	705	5,368	4,338
84	三菱電機	株式	電機	○	○			○	○	電気機器	12	115	28,996	49,448
85	三菱電機ホーム機器	株式	電機	○	○					電気機器	311	6,384	546	600
86	リコー	株式	電機	○				○	○	精密・光学	1	170	20,793	11,291
87	イトーヨーカ堂	株式	流通	○			○	○	○	スーパー	1	63	49,861	12,817
88	ウェディング・サービス・ワタベ		流通	○	○									
89	京王百貨店	株式	流通	○	○		○	○						
90	サンチェーン	株式	流通											
91	CBS・ソニーファミリークラブ	株式	流通	○				○		その他小売	6	2,016	1,754	140
92	ジャスコ	株式	流通	○	○	○	○	○	○	スーパー	3	147	23,727	11,526
93	消費科学研究所	株式	流通	○	○									

160	日産自動車	株式	自動車	○			○	○	○	自動車	2	28	116,312	53,288
161	アダマント	株式	その他											
162	アンティ	株式	その他											
163	INAX	株式	その他				○		○	陶磁器土石	2	285	12,673	4,738
164	オーディエス	株式	その他							情報・通信	539	59,436	54	150
165	コスモ開発	株式	その他							不動産業	6,529	68,314	46	8
166	コスモコンピューターセンター	株式	その他											
167	コスモステーションサービス	株式	その他							自動車販売	452	24,962	139	150
168	コンビ	株式	その他	○						医療機械	18	7,535	465	391
169	サニクリーン本部	株式	その他							その他	391	13,655	257	41
170	セイコーエプソン	株式	その他				○	○		電気機器	61	1,133	3,192	8,150
171	生命保険文化センター	財団	その他	○	○	○								
172	ソニークリエイティブプロダクツ	株式	その他	○	○									
173	ダスキン	株式	その他		○	○				その他	4	462	8,172	1,850
174	凸版印刷	株式	その他	○	○				○	印刷	2	91	34,547	11,147
175	西銀経営情報サービス	株式	その他											
176	野亜	株式	その他											
177	光印刷	株式	その他	○										
178	評判社	株式	その他	○										
179	プラップジャパン	株式	その他											
180	フレンズ	有限	その他	○										
181	ベルシステム 24	株式	その他	○										
182	三城	株式	その他					○						
183	ミニメイドサービス	株式	その他											
184	ライフサイエンスインフォメーション	株式	その他							広告	384	63,782	50	60
185	和光堂	株式	その他	○	○				○	医薬品	76	2,903	1,208	437

付表 3　日本ヒーブ協議会の正会員企業一覧（1988 年 10 月時点）（続き）
出所、註は付表 1 を参照。

No.	社名	種別	業種	正会員			四季報・女子学生版		法人所得ランキング（1987年）				
				1993年	1998年	2013年	1985年	1991年	上場	業種別順位	総合順位	所得（百万円）	従業員数（人）
127	三陽商会	株式	繊維	○	○		○	○	○	繊維衣服卸 6	491	7,613	1,688
128	デサント	株式	繊維	○									
129	東洋紡績	株式	繊維	○	○				○	繊維 9	836	4,464	9,254
130	東レ・プラン・ドゥ	株式	繊維	○									
131	西川産業	株式	繊維	○	○	○				繊維衣服卸 51	2,638	1,334	856
132	日本睡眠科学研究所		繊維										
133	英商事	株式	繊維	○									
134	ワコール		繊維	○	○			○	○	衣料品 1	304	11,929	4,499
135	アメリカンファミリー生命保険会社		金融	○	○	○	○	○					
136	埼玉銀行	株式	金融				○	○	○	銀行・信託 19	61	52,106	8,362
137	三和銀行	株式	金融	○	○				○	銀行・信託 5	14	174,027	14,938
138	第一生命保険	相互	金融	○	○	○				保険業 2	29	115,252	68,082
139	大東京火災海上保険	株式	金融	○			○	○	○	保険業 15	177	19,954	8,956
140	千葉銀行	株式	金融	○			○	○	○	銀行・信託 30	135	25,607	5,050
141	日本生命保険	相互	金融	○	○	○				保険業 1	23	129,049	90,496
142	三井生命保険	相互	金融	○	○					保険業 9	89	34,820	31,000
143	主婦の友社	株式	マスコミ	○	○			○		出版 154	18,702	187	330
144	東京放送	株式	マスコミ	○	○			○	○	放送 2	313	11,574	1,591
145	扶桑社	株式	マスコミ	○	○					出版 95	10,446	336	76
146	日本SPセンター	株式	マスコミ	○						広告 57	12,741	276	90
147	朝日広告社	株式	広告							広告 25	6,306	552	829
148	協同広告	株式	広告							広告 35	8,025	438	363
149	電通	株式	広告	○	○			○		広告 2	188	18,645	5,760
150	ベーシック	株式	広告										
151	積水ハウス	株式	住宅	○	○				○	総合建設 7	144	24,150	9,047
152	ミサワホーム	株式	住宅	○	○		○	○	○	総合建設 25	471	7,923	1,126
153	ミサワホーム総合研究所	株式	住宅	○						設計 498	64,914	49	110
154	大阪ガス	株式	公益	○	○					電気・ガス 7	42	73,588	9,953
155	東京ガス	株式	公益	○	○			○	○	電気・ガス 5	22	129,710	13,029
156	東京電力	株式	公益	○	○			○	○	電気・ガス 1	1	519,961	40,260
157	日通工	株式	通信	○	○			○					
158	日本電信電話	株式	通信	○	○				○	情報・通信 1	4	413,247	294,422
159	アイシン精機	株式	自動車	○	○			○	○	自動車 6	205	16,816	9,516

第4章

ヒーブにとっての仕事とケア

本章の課題は、企業のなかでのヒーブの仕事が、実際にどのようなものであったのかを明らかにすることである。具体的には、仕事の満足度、管理職への意欲、ケアへの意識に関する実態を確認したうえで、ケアを担う女性だからこそ企業で活躍できる、というヒーブの自負が、実際の仕事とどう関わっていたのかをみていくことになる。

その際にまず念頭に置かれるべきは、高学歴女性にとっての就労継続やキャリア形成をめぐる問題であろう。日本の現状分析に関する研究のなかでは、女性の就労継続には、「家庭と仕事の両立」という面だけでなく、仕事や職場そのものにも課題があることが明らかにされてきた。[*1]女性のキャリア形成についての研究でも、高学歴女性が初職を辞める理由の上位には仕事上の不満が挙がり、学卒時に就業意欲の高い女性ほど離職する傾向にあることが確認されている。[*2]なかでも、やりがいのある仕事を与えられないことへの不満は強く、そこには「統計的差別」の問題が横たわってきた。企業からみると、多くの女性が結婚・出産を機に辞めてしまう（だろう）という前提があり、それゆえに、そもそも女性にはやりがいのある仕事を与えないという形で、女性全体を差別的に処遇してきたわけである。

それに対して、本論で明らかにするように、ヒーブは総じて仕事にやりがいを感じていた。ただし、「そもそもヒーブとは何か」ということが社内で十分な理解を得られるには至らなかったため、所属企業のなかにあっては、ヒーブはヒーブとしてよりも、女性としてどう実績を残せるかが問われていた。女性性を積極的に背負おうとするヒーブの自負は、こうした文脈のなかで読み解かれる必要がある。
さっそく具体的にみていくことにしたい。

1 社内における「ヒーブ」の位置づけ

日本企業の間でＨＥＩＢへの関心が高まった一九七〇年代後半以降、いくつかの企業は、社内に「ヒーブ」の名称で専門職を置いた。

たとえば、家庭用品のレックには、「ヒーブ室」に女性専門職としての「ヒーブ」が置かれ、ヒーブは新商品企画のチェックを担当した。[*3] 一九七六年に「発明好きの主婦」からレックのヒーブとなったのが前出の長田道子で、日本ヒーブ協議会には発起人の一人として参加し、第五期（一九八三年）の会長も務めた。また、ハウス食品では、一九七九年に「ヒーブ制度」を導入し、ヒーブに商品開発、味や表示の問題、広報、企業イメージのあり方をチェックする役割を与えた。[*4]「主婦」から管理職待遇でハウス食品のヒーブとして採用された五味恭子は、一年契約で週三日の勤務という形態で働き、日本ヒーブ協議会では第四期（一九八二年）の幹事を務めている。そのほか、紀文食品でも「ＨＥＩＢルーム」が設置され、商品開発への参画、調査企画、提案提言などを担当した。[*5] 協議会には同社の山本真砂美が会員として参加しており、第一四期（一九九二年）・第一五期（一九九三年）の幹事を務めた。

しかし、これら専門職としての「ヒーブ」は限定的な広がりにとどまっていた。日本ヒーブ協議会の多くの会員は、商品開発、消費者対応、広告宣伝、広報など、広い意味での消費者関連の仕事にたしかに従事していたが、社内では「ヒーブ」とは呼ばれず、一人の女性社員として仕事をする立場にあった。

一九七九年の日本ヒーブ協議会会員に対する実態調査によれば、「会社はあなたに（「ヒーブ」として）どんな期待をもっていると思いますか」という問いに対して、回答を寄せた八三名のうち、「消費者と企業のパイプ役として期待されていると思う」が一六名、「女性としての特質を生かし、男性以上の能力と実行力を発揮することが期待されていると思う」が九名、「ヒーブ職の社内確立を期待されていると思う」が一一名、「消費者対応におけるスペシャリストになることが期待されていると思う」が一〇名、「視野の拡大、能力向上が期待されていると思う」が六名、「無関心である」が九名という結果が出ている。[*6] 総じて、会社から高い期待が寄せられていたことは間違いないが、協議会結成から間もない時期にあっても、「ヒーブ職の社内確立」という明確な専門職としての期待を挙げる回答は少なかったことがわかる。

一九八八年の会員調査では、「あなたの会社では、社内でヒーブが知られていますか」という質問に対して、「会社全体に知られている」と答える会員の割合が六・六％にとどまるのに対して、「限られた部署に知られている」が六〇・七％と最も多く、「まあ知られている」は九・九％、「あまり知られていない」が二二・四％に上っていた。[*7] 社内でのヒーブ認知は、せいぜい限られた部署にとどまるもので、ごく限定されたものであったことがうかがえよう。

この点に関わって、一九八五年の会員調査では、「あなたがヒーブ的仕事に就いて最も良かったと思う点は何ですか」という質問がなされており、「ヒーブ的仕事」という曖昧なワーディングが使われている。しかもその結果については、「「ヒーブ職」というものを明確にしている企業は少なく、また会員個人も普段「ヒーブ的仕事に携わっている」と特別意識しないこともあってか、「その他」と回答した人が36％占めた」といわれる内容であった。[*8] 日本的なヒーブは、日本ヒーブ協議会の会員を指す用語としては定着していったが、会員の多くはひとたび企業に戻ればヒーブと呼ばれず、自身でもふだんは「ヒーブ的仕事」かどうかを特段意識せずに働いていたのである。

2　仕事の満足度と管理職への意欲

他方、ヒーブの仕事に対する満足度は全体的に高かった。

先に挙げた一九七九年の会員調査では、「あなたは、現在、自分の従事している仕事について、満足していますか」という質問に対して、「満足している」が二一・七％、「まあ満足している」

が三〇・一％、「何とも言えない」が一四・五％、「やや不満」が一〇・八％、「不満である」が七・二％となっており、「満足」と「まあ満足」を合わせると過半に上っていた。[*9]「何とも言えない」については、まだスタートしたばかりなので、という理由が多く、「やや不満」「不満」には、会社の体制や自己の処遇に関する不満が多かったという。

その後の会員調査でも、仕事の満足度は総じて高い結果が出ている。一九八三年調査では「満足」が一六・〇％、「まあ満足」が五〇・四％、一九八八年調査では「満足」が一七・六％、「満足」が五二・二％、一九九二年調査では「満足」が一八・二％、「まあ満足」が五二・九％という ように、満足を感じているという回答の割合は高い水準で推移していった。[*10] 比較のために、愛知県の働く女性に対して行われた「女性従業員のキャリア形成意識とサポート制度の実態に関する調査」（一九九一年）を参照すると、[*11] そこでは女性の仕事への満足度が、「満足」六・一％、「まあ満足」三五・八％となっており、あわせて四一・九％にとどまっている。一九九二年のヒーブ会員調査では「満足」「まあ満足」合計が七一・一％となるから、仕事の満足度が高いことは、ヒーブに特徴的なことであったといえるだろう。

ヒーブが仕事に満足を感じる理由に関して、一九九二年の会員調査では、「やりがいのある仕事である」、「自分に任され、責任を持ってできる」、「自分の能力、経験などが生かせる」、「希望していた職種である」[*12]といった内容が挙げられており、仕事の内容そのものに満足していたことがうかがえる。逆に、不満の理由については、「担当業務（相談室）の社内での位置付けに不満」、

「自分に向いていない」、「給与が不満」といったように、仕事の内容自体というよりも、業務の位置づけやミスマッチ、待遇への不満といった内容が挙げられていた。

また、一九九〇年の会員調査では、仕事に対する考え方として、「基本的には仕事が好き」とする会員が七二・六%にも上り、やりがいのある仕事に意欲的に打ち込んでいた様子がうかがわれる。[*13] 加えて、「出世したい」という希望をもつ会員は二六・三%で、三〇代後半から四〇代前半の会員に限れば、そうした「出世志向組」は四〇―五〇%を占めていたという。

この点に関連して、会社におけるそれぞれの身分を確認しておくと、協議会発足から間もない一九七九年の会員調査では、会社で正社員の立場にある会員が七五・九%、非社員である会員が二二・九%となっており、非社員のほとんどは嘱託の身分であった。[*14] それに対して、一九九〇年の会員調査では、社員の立場にある会員九三・九%とほとんどを占めるようになっており、嘱託は五・七%、顧問は〇・四%という割合にとどまっていた。[*15] 一九九〇年頃の別の調査によると、サンプルが少ない限られたデータではあるが、正社員の会員のうち、総合職が三九・〇%、一般職が三六・六%、制度なしが九・八%となっており、[*16] 男女雇用機会均等法の成立後には、総合職に就く会員も多かったことがわかる。先にみた「出世志向組」は、これら総合職女性と重なる部分が大きかったと推測されよう。

加えて、管理職昇進への意欲をもち、実際に管理職に就くヒーブも増えていった。

一九八三年の会員調査では、「管理職になれるか」という質問に、「はい」と答えた会員は一三％にとどまり、「いいえ」が四六％、「わからない」が三八％に上っていた。[*17] 管理職になれないという回答には、そもそも嘱託のために管理職にはなれないという理由や、「女性には管理職に登用される道が開かれていない（制度として存在しない）」という理由が挙げられ、性差別的な処遇によるところが大きかったことがうかがえる。

それに対して、一九九二年の会員調査では、「将来管理職になりたいか」という質問に対して、「なりたい」という回答が二〇・五％、「なりたくない」が一六・二％、「わからない」が三七・九％となっていた。[*18] 一九八三年調査とは質問のワーディングが異なるので単純な比較はできないが、「なりたい」という回答が二割に上っていたことは注目されよう。「なりたい」という回答には、「自分の裁量が広がる、交渉力が高まる」、「意志決定したい」、「仕事の幅が広がる」、「仕事をする以上当然」、「後続の女性のため、働く女性の流れを作りたい」、「責任をもちたい」、「自己実現、自分の向上」といった意欲的な理由が並び、「なりたくない」という回答も、「専門職として自由な発言をしていたい」、「常に仕事の実践についていていたい」という形で、管理業務よりも現場の仕事を積極的に選ぼうとする前向きな理由が挙げられていた。

実際に管理職に就く会員の割合をみると、一九八三年調査の時点では三％以下であったが、一九八五年調査では二三％を占めるまでに増えていた。[*19] 具体的には、一九八五年調査に回答を寄せた二〇八人のうち、四七人が管理職に就いており、その内訳は、経営者（役員）が三人、部長が三人、課長が一六人、係長が一〇人、その他（主任・次長など）が一五人となっていた。同じ調査において、「女性が管理職になれるシステムはあるか」という質問に、「ある」という回答が七九％を占めており、女性にも管理職昇進への道が拓かれつつあったことがわかる。ただし、「システムとしてはあるが、実際に管理職についている女性はいない」、「女性管理職はいることはいるがまれなケースである」といった回答も少なくなかった。

一九九二年の会員調査でも、二二％の会員が管理職に就いていたが、「総じて仕事の幅が広がり責任が明確になり力量を発揮し、他からも認められていきいきと仕事をする管理職ヒーブの姿が伺《ママ》われる」として、協議会は管理職となった女性の前向きな変化を強調していた。[*20]

前節でみたように、日本企業のなかでヒーブを専門職として置く例は限られていた。日本ヒーブ協議会に集う多くの会員は、社内ではヒーブと呼ばれることなく、ふだんはヒーブのことを特段意識せずに働いていた。多くのヒーブ会員は仕事に高い満足度を感じており、そのなかから出世への意欲をもって、実際に管理職に昇進していく女性も少なくなかったが、会社がそこに直接みているのはヒーブではなく、女性として働く社員としての姿であった。家政学士に限定せず、家政学会に足場を置かない日本的ヒーブは、社内にあっては何よりもまず女性としてみられ、女性の感性を期待される存在であった。家政学の学知に拠らない日本的ヒーブは、「企業と消費者とのパイプ役」という曖昧な役割意識のもとで、企業が期待する女性性を発揮するよう水路づけられていった。ヒーブはそうした女性性への曖昧な役割期待を、ケアを担う女性だからこそ企業で活躍できる、という形でとらえ返していったのである。

3　ケアに対するヒーブの意識

では、ヒーブ自身は、「ケアを担う女性」としてどのような意識をもっていたのか。

一九八五年の会員調査によれば、「結婚している」という会員の割合は三九％で、「結婚していない」会員が六〇％を占めていた。[*21] 一八歳未満の子供がいる会員は一五％となっている。一九九三年の会員調査においても、既婚者の割合は三七・九％、未婚者の割合が六一・〇％で、一八歳未満の子供がいる会員の割合は一六・二％となっている。[*22] 第3章で具体的にみたように、会員の年齢分布は若年層と中高年層に二極化する傾向にあり、結婚や出産を機に退職する者が少なくなかったことから、未婚者の割合が相対的に高い状態が維持されていたとみられる。キャリアを積むヒーブのなかには、独身のまま仕事を続けていく女性や、結婚しても子どもをもたずに働き続ける女性も少なくなかったと考えられる。

ヒーブにとっての出産・育児の問題は、第5章の主題なのでそちらに譲り、ここでは本章の課題に即した形で、ヒーブがケア全般をどのように捉えていたのかを概観しておくこととしたい。

表4―1は、ヒーブ会員の「平日の家事の役割分担」に関する一九九〇年の調査結果をまとめたものである。表に注記した通り、この調査は項目ごとに「1．自分でする」「2．夫又は子供がする」「3．夫・子供以外の家族がする」「4．代行サービス」「5．していない」のなかからいくつでも選ぶ形式で行われ、ここでは「1．」の「自分でする」と、「2．」「3．」の合計であ

		現在			今後			今後 - 現在	
		自分でする（A）	家族がする（B）	A-B	自分でする（C）	家族がする（D）	C-D	自分でする（C-A）	家族がする（D-B）
炊事	朝食づくり	67.2%	25.0%	42.2%	76.6%	27.5%	49.1%	9.4%	2.5%
	朝食の後片付け	53.3%	36.5%	16.8%	58.2%	40.2%	18.0%	4.9%	3.7%
	夕食づくり	59.8%	38.9%	20.9%	70.5%	37.3%	33.2%	10.7%	-1.6%
	夕食の後片付け	67.2%	36.5%	30.7%	63.1%	43.4%	19.7%	-4.1%	6.9%
掃除	部屋の掃除	86.9%	23.4%	63.5%	71.3%	34.4%	36.9%	-15.6%	11.0%
	風呂の掃除	55.7%	46.3%	9.4%	48.4%	57.4%	-9.0%	-7.3%	11.1%
	トイレの掃除	62.7%	33.6%	29.1%	62.7%	41.0%	21.7%	0.0%	7.4%
洗濯	洗濯	75.0%	34.0%	41.0%	73.4%	37.7%	35.7%	-1.6%	3.7%
	洗濯物をたたむ	78.3%	31.1%	47.2%	72.1%	38.5%	33.6%	-6.2%	7.4%
	アイロンかけ	85.2%	19.7%	65.5%	78.3%	25.8%	52.5%	-6.9%	6.1%
雑事	日常の買物	69.7%	37.7%	32.0%	70.9%	40.6%	30.3%	1.2%	2.9%
	ふとんの上げ下ろし・ベッドメイク	74.6%	31.6%	43.0%	64.3%	43.0%	21.3%	-10.3%	11.4%
	戸締まり	62.7%	47.5%	15.2%	61.1%	47.5%	13.6%	-1.6%	0.0%
	ごみ出し	50.0%	55.3%	-5.3%	49.2%	59.8%	-10.6%	-0.8%	4.5%
保育介護	保育園などの送り迎え	8.2%	7.8%	0.4%	18.4%	16.4%	2.0%	10.2%	8.6%
	老親の世話・介護（自分の親）	7.8%	4.1%	3.7%	23.8%	9.8%	14.0%	16.0%	5.7%
	老親の世話・介護（夫の親）	3.7%	3.7%	0.0%	13.5%	11.5%	2.0%	9.8%	7.8%
平均		56.9%	30.2%	26.7%	57.4%	36.0%	21.4%	0.5%	5.8%

表４―１　日本ヒーブ協議会会員の「平日の家事の役割分担」（1990 年）

（出所）『日米ヒーブ・ワーキングウーマンの仕事と暮らし――労働意識、生活意識とライフサイクル、家事意識』日本ヒーブ協議会、1991 年、59-63 頁により作成。

（註）有効回答 244 名。調査はそれぞれの項目ごとに「1. 自分でする」「2. 夫又は子供がする」「3. 夫・子供以外の家族がする」「4. 代行サービス」「5. していない」のなかからいくつでも選択できるという形式で行われた。本表の「家族がする」はそのうち「2.」と「3.」を合計したもの。

る「家族がする」を対比する形で結果を整理した。[*23]

このうち「現在」、つまり実際の家事負担からみると、ほとんどの項目で「自分でする」が「家族がする」よりも大幅に上回っている。「家族がする」が「自分でする」よりも多いのは、「ごみ出し」のみであった。先にみたように、会員には若年の未婚者も多かったため、ここでの「家族」には、そうした若い女性と同居する親も含まれるが、それでもヒーブが現実の家事負担の多くを担っていたことがうかがえる。

次に「今後」、つまり将来の役割分担をどのように考えていたのかをみると、「今後」のほうが「現在」に比べて「自分でする」の割合が下がっている項目も半数程度みられ、部屋の掃除、風呂の掃除、洗濯物をたたむ、アイロンかけ、ふとんの上げ下ろし・ベッドメイクといった項目は、「今後」はより多く家族に負担してほしいと考えていたことが読み取れる。しかし、それでも、ほとんどの項目で「自分でする」が「家族がする」を上回っており、自らが家事を担おうとする意識は強かったといえよう。保育園などの送り迎え、老親の世話・介護に関しては、家族とも分担しつつ、しかし「今後」は自分の負担も増えていくものと捉えられていた。

「今後」の見通しについては、ライフサイクルに関する将来像と不可分なもので、親と同居する未婚の若年会員にとっては、独立したら食事の用意を自分ですると考えるであろうし、結婚して子どもが生まれたら保育園の送迎が必要になり、やがては老親の世話・介護もしなくてはならないと考えるだろう。調査のなかでは結果の解釈として、「単純家事」は家族で分担し、「クリエイティブ家事」は自分でやりたいというヒーブの意識がみいだされている。[*24] そこには、「家事にうとい夫を教育する手間を考えると自分でやってしまいたい」という意識もあったと解釈されている。

他方で、表には示していないが、「4. 代行サービス」については、「現在」のなかではすべての項目で〇・五％未満となっており、ほとんど利用されていなかった。「今後」に関しても、割合の高い順に、老親の世話・介護（自分の親）で七・八％、同（夫の親）で六・六％、日常の買物で五・三％、部屋の掃除で四・九％、アイロンかけで四・五％、夕食づくりで三・三％、保育園などの送り迎えで二・九％、風呂の掃除で二・五％、洗濯で二・〇％となっている。「自分でする」「家族がする」の割合に比べると、介護・保育の分野では相対的に「ケアの脱家族化」志向が強いといえるが、それ以外の分野では、ほとんど代行サービスの利用意向をもっていなかったことがわかる。[*25] 序論でみたように、家事使用人に家事労働を任せるいう選択肢が事実上なかったことの現れであろう。

それに対して、**表4—2**に整理したように、「ホームオートメーション」、すなわち情報通信機器を利用した家庭生活の自動制御には高い関心が寄せられていた。ホームバンキングや、電話でのチケット予約については、平日の昼間に窓口に出かけずに済むようになるから、働く女性の関心が高いのも頷けよう。外出先からの家電のオンオフ、自動戸締まり、自動非常事態通報システム、自動空調システムに関しても、安心・安全や快適な暮らしに資するものと理解できる。加え

項目	希望者の割合	順位	項目内容の詳細
ホームバンキング	86.5%	1位	銀行に行かず、残高照会、送金、振り込みなどができる
電話でチケット予約	75.0%	2位	映画、劇場、列車、飛行機などのチケットの購入や予約ができる
外出先からの家電製品のON-OFF	70.9%	3位	電話回線を利用して外出先からでも電気製品などのオン・オフができる（照明、冷暖房、アイロン、炊飯器など）
自動戸締まり	70.5%	4位	戸締まりやガスの元栓の開閉を自動的にしてくれ、締め忘れなどを教えてくれる
非常事態通報システム	69.7%	5位	火事や泥棒など非常事態を知らせ、通報してくれる
自動空調システム	67.6%	6位	部屋の換気や温度・湿度を自動的に調整してくれる（風呂場なども可）
テレビ画面をみて在宅学習	62.7%	7位	語学や料理など、好きなプログラムを好きなときに選んで、テレビ画面をみながら勉強できる
在宅勤務	60.2%	8位	勤務先とオンラインになったコンピュータなどを利用して自宅で仕事ができる
風呂の準備	58.6%	9位	風呂の準備ができる（貯水、点火、消火、湯温保持など）
大画面でのホームシアター	49.6%	10位	ホームシアター感覚で大画面の映像と音楽が楽しめる
基礎体温や血圧の記録・分析	48.4%	11位	基礎体温や血圧を計り、記録・分析してくれる
服を記憶しコーディネート	44.7%	12位	持っている服を記憶し、コーディネートや衣服計画をしやすくする
外出先からの窓の自動開閉	42.6%	13位	電話回線を利用してカーテンや窓、雨戸などの開閉が自動的にできる
パソコンでの家計管理	42.2%	14位	パソコンによる家計の総合管理ができる
ストック食材から献立づくり	41.0%	15位	ストックされている食材料がすぐわかり、献立を考えてくれる
好きな時間に音楽や映像	32.0%	16位	好きな時に好きな音楽や映像が楽しめる（ドアをあけると同時に音楽がかかるなど）
照明やBGMがボタン1つで	30.7%	17位	照明やBGMで食卓やパーティーなどの演出がボタン一つで行える
家族のスケジュール管理	22.1%	18位	家族の行事・予定などがパソコンに入力でき、スケジュール管理ができる
平均	54.2%	—	

表4—2　日本ヒーブ協議会会員の「ホームオートメーション利用意向」（1990年）

（出所）『日米ヒーブ・ワーキングウーマンの仕事と暮らし——労働意識、生活意識とライフサイクル、家事意識』日本ヒーブ協議会、1991年、67-69頁により作成。

（註）有効回答244名。

て、在宅学習や在宅勤務を希望する声が多かったことも興味深い。ここには、「ケアの家族化」を前提として引き受けつつ、働きながらケアも自身で担おうとするヒーブの意識がよく表れている。

ケアに対するこうしたヒーブの意識は、ケアを担うことが自身の仕事にプラスになる、という形で仕事と結びついていた。たとえば、遠藤ひとみは次のように述べている。*[26]

何よりも強いのは、食事のメニューにしても、メニュー情報を作るのは私であり、見るのも私であるという部分ですよね。私がスーパーで見るわけですから、自分でレシピを作ったり、お客様は何が欲しいのか、何が足りないのか、どうしたらいいのか、という現実的なところが非常に良く分かる。男性は机上で考えますけれど、私の場合は日々三人の子供にお弁当を作って、食事を作って、掃除をして、洗濯をして、というようにきりきり家事をしている中で、食事だけは手を抜きたくないというのが私の信条だったからこそお客様が本当に欲しいものがわかるんですね

遠藤は一九八八年時点で日本ヒーブ協議会会員であったことが確認できる。一九八八年時点ではスーパーのジャスコでマーケティング関連の仕事に従事し、この文章を記した当時はイオンのＳＳＭ商品本部コーディネーター部に属していた。ここには、家事を担う女性だからこそ男性より

も生活経験に即したよりよい仕事ができる、という自負がよくあらわれている。

このように、ヒーブの意識において、ケアは単なる負担ではなく、仕事上の制約でもなかった。「企業と消費者とのパイプ役」というヒーブの役割は、ケアを担う生活経験があるからこそよりよく発揮できるものと捉えられていたのである。しかし、前節までにみた通り、社内のヒーブ理解が十分ではなく、かつ自身もふだんはヒーブであることを特段意識せずに働いていたとするならば、実際の仕事において、そうした生活経験にどこまで意味があったのかということは、慎重に検討されなくてはならないだろう。

そのことは、仕事の満足度とも関連していたと考えられる。一九九〇年の会員調査によれば、全体で「満足している」が六二・三%に上っていたが、事務系と技術系に分けてみると、技術系では「満足」が六八・四%となっており、事務系に比べて一〇%程度高い結果を示していた。[*27]

以下では、こうした違いを念頭に置きつつ、ヒーブの二大部門である商品開発と消費者対応を取り上げ、個別の事例にも詳しく立ち入りながら、実際の仕事内容をみていくことにしたい。

4　商品開発におけるヒーブの仕事

ヒーブによる商品開発は、一九八〇年代後半から九〇年代初頭にかけて、多くの具体的な成果を挙げていた。経済史の観点からみれば、石油ショックを経て平成バブルに向かう時代状況のなかで、所得水準の上昇を伴いながら消費市場が成熟に向かっていく時期のことである。企業はそうした市場動向を消費の個性化・多様化として捉え、大量生産方式をベースにしつつも、少品種生産から多品種生産に転じて、製品ラインの拡大を図る方向で対応していった。[*28] ヒーブに女性の視点を活かした商品開発が求められた背景にも、こうした企業戦略の存在があり、そこでは個性化された商品の投入により差別化を図ることが企図されていたのである。

ヒーブによる具体的な成果を知る手がかりとして、**表4─3**に、「ベストヒーブ賞」の受賞者一覧を整理した。ベストヒーブ賞は、日本ヒーブ協議会会員が関わった社内での仕事を顕彰する目的で、協議会一〇周年を記念して一九八八年に創設された。ここでは、一九八八年の第一回から一九九五年の第八回までを取り上げている。表の一覧からわかるように、企業の商品、サービス、システムづくりなど、ヒーブはそれぞれの会社でさまざまな成果を挙げていた。このうち、商品・サービスの開発に関連して、第一回受賞の岡田圭子（シャープ）、第三回受賞の杉田奈々子（INAX）、第五回受賞の高田かおり（ダイエー）、第六回受賞の石橋照子（ミサワホーム）による成果を具体的に紹介しておきたい。

第一回受賞は、シャープの家電「U's シリーズ（ユースシリーズ）」の商品開発で、一九八六年発売の「オーブントースターレンジ」が直接の対象であった。

このオーブントースターレンジは、電子レンジの加熱機能とトースターの機能を一台で使える

	受賞内容	受賞者	
第1回 1988年	生活者の潜在ニーズを探り、成熟家電を再開発：U's シリーズ商品開発	岡田圭子	シャープ㈱
第3回 1990年	システムキッチン「プレフェスタシリーズ」の企画開発	杉田奈々子	㈱ INAX
第4回 1991年	アース製薬㈱「ごきぶりホイホイ」の商品設計およびパッケージデザイン等	榎眞理	光印刷㈱
第5回 1992年	高齢者・障害者が利用しやすい店づくりの推進について	高田かおり	㈱ダイエー
第6回 1993年	住まいごこちから考えた提案型分譲マンションの商品開発・事例「ダイヤモンドスクエア哲学堂公園」	石橋照子	ミサワホーム㈱
第7回 1994年	継続勤務支援制度（育休・時短・看護休暇）を利用する社員ネットワークの拡大と情報誌の発行／職場上長への意識改革と男女共生企業風土づくりの促進	品川由紀子	花王㈱
(同上)	感覚障害者の方たちのための「骨伝導ステレオヘッドホン」を使ったオペラ鑑賞の企画と実施について	南節子	日本電信電話㈱
第8回 1995年	企業の枠を超えて異物混入発生の原因追及（ネットワークを利用した問題解決）	村田美子	㈱永谷園

表4―3　「ベストヒーブ賞」受賞者一覧（1988-95年）
（出所）日本ヒーブ協議会編『生活者と企業の豊かな関係をつくる女性たち』新水社、2004年、164-173頁により作成。
（註）第2回・第9回は該当なし。

小型の商品で、「多忙な主婦」との意見交換を踏まえて開発された。[*29] 日本で家庭用電子レンジが発売されたのは一九六五年のことであったが、価格が高いことに加えて、ケーキを焼いたりローストビーフを作ったりといった、高度な調理を行うための器具として認識されてきたため、一九八〇年代初頭でも普及率が四〇％程度にとどまっていた。実際に、「多忙な主婦の方々のお話」からは、多くがレンジをもっていないことがわかり、「いろいろ、料理はできるが日常めったに作らないメニューばかりで毎日使うのは温め直しぐらい。その割には大きく価格が高い」という意見が聞かれた。[*30] 一方で、オーブントースターは多くの家庭にあり、主婦はそれを焼き魚料理などにも使いこなしていた。当時、二〇万円程度と高価でサイズも大きな電子レンジが主流であったが、こうした声を受けてシャープは、オーブントースターとしての機能を併せ持ち、かつトースターくらいの大きさで、温め機能に絞り込んだ電子レンジを五万円程度で発売した。[*31] これがシャープのオーブントースターレンジである。この商品は、電子レンジの低価格化と温め機能の掘り起こしに貢献し、電子レンジの歴史からみても、その普及を後押しした重要な商品の一つに数えられる。[*32]

ユースシリーズの商品開発を担当したのが、岡田圭子である。岡田圭子は一九五四年に大阪府で生まれ、一九七八年に京都市立芸術大学工業デザイン科を卒業し、シャープに入社した。[*33]「ずっと仕事をしたいと中学生の頃から思って」いるなかで、「絵の先生に、仕事をするなら工業デザインを学べと勧められ」たが、「就職活動を始め、がくぜんと」した。当時、多くのメーカーが女性デザイナーを採用していなかったからである。そうしたなかで、シャープは女性を採用し、すでに「10年選手の女性がばりばり働いてい」たという。[*34]

入社後は、総合デザイン本部に三年半在籍した後、商品企画部へ出向し、[*35]「洗濯機や冷蔵庫の商品企画にもっと女性のセンスをとり入れたい」との希望がかなった。[*36] 一九八六年の時点では「生活ソフトセンター」に属し、大阪本社で商品開発を担当、一九八七年の時点では同主任、[*37] 一九八九年の時点では同係長であったことが確認できる。[*38] その後は、二〇〇〇年に生活ソフトセンター所長、二〇〇二年にデザインセンター所長、二〇〇八年に調理システム事業部長となった後、二〇一一年には同社の執行役員となった。[*39] 二〇〇四年に発売されたシャープの「水で焼く」オーブン、「ヘルシオ」も岡田の代表作である。

日本ヒーブ協議会に入会したのは一九七九年、[40]シャープ入社の翌年のことであった。協議会では第六期(一九八四年)と第一五期(一九九三年)に幹事も務め、関西支部の設立(一九八四年)以降は、関西支部の会員という立場で活動に参加し、一九九三年には関西支部長も務めている。[41]一九八八年の会員手記「私はこんなヒーブを目ざしたい」に、岡田圭子は次のような文章を寄せていた。[42]

物づくりのプロを目ざしたい。ユーザーニーズ、他社との競争上の視点、自社の持ちうる資源、その接点を見い出せるダイナミックな発想力と冷静な判断力。ユーザーの暮らし方やユーザーさえ気付いていない潜在する希望を鋭く感じとれる目と耳。それを実現するためのねばり強さ。そんな能力のある力強く、優雅なヒーブでありたい。

受賞後の協議会における事例発表の場でも、「潜在するニーズを掘り下げて、それを商品のレベルにまで作り上げていくことは、企画者のクリエイティブな部分にな」り、「ユーザーのニーズを的確につかんでいること、自社の置かれている状況を把握していること、自社の経営資源のどの部分を生かしていくべきかを認識していること」が重要だと語っている。[43]岡田の言葉は、女性性や生活経験よりもまず、具体的な商品に落とし込む企画力や、企業の置かれた経営環境への感度を強調するものであった。ここではそのことに注意を促しておきたい。

他方、第三回（一九九〇年）のベストヒーブ賞を受賞したのは、ＩＮＡＸのシステムキッチン「プレフェスタシリーズ」であった。

ＩＮＡＸはタイル・衛生陶器をはじめとして、浴槽・水栓金具・洗面化粧台、さらにはシステムキッチンという形で、水を使う空間に必要な商品を作る企業である。そのなかで、「プレフェスタシリーズ」は、インテリア性を強調したシステムキッチンのシリーズとして開発された。日本の住宅事情においては、キッチンがダイニングやリビングと一体に設けられることが多いため、インテリア性は重要な要素となる。プレフェスタシリーズでは、経済的・精神的にゆとりのある三五―四〇代の「主婦」をターゲットとし、暮らしのこだわり・好みを表現できるしくみを備えた。具体的には、キッチンパーツのなかに、取っ手・つまみ・カーテン・テーブルクロスなどを客が選べる要素として加え、「インテリア」のように自分の好みを加味して作っていけるように工夫した。[*44]

プレフェスタシリーズの開発を担当したのは、杉田奈々子である。杉田は一九八二年に武蔵野美術大学基礎デザイン学科を卒業した後、ＩＮＡＸに女性総合職の第一号として入社した。[*45]資料上、日本ヒーブ協議会では、一九八六年時点で会員であったことが確認できる。[*46]受賞後には、「企業内のデザイナーという立場ではどうしても省時間やどれくらい効果が向上したかといった数値化出来る事柄の評価しか受けられない」が、「今回はヒーブとして生活者へのゆとりや潤い提供といった抽象的な部分を評価され」たとその喜びを語っている。[*47]新聞のインタビューでは、

「台所回りとなると、やはり女性の目が頼りでは」という記者からの質問に対して、「最近は男性のキチン〔キッチン〕進出で、他社には男の料理を意識した製品も生まれ」ているので、「女性の目だけでもだめ」で、「大卒の女性がキチン〔キッチン〕に詳しいかというと必ずしもそうではありません」と答えている。[*48] ここでも女性性の意義が相対化されていることに注意したい。

第五回（一九九二年）のベストヒーブ賞は、高齢者・障害者が利用しやすい店づくりという内容で、スーパーのダイエーにおける取り組みに与えられた。

受賞者の高田かおりが高齢化問題に取り組むようになったのは、一九八九年からのことであった。[*49] それまで特段の関心をもっていたわけではなかったが、この年、日本ヒーブ協議会関西支部の月例研究会で浜松市の聖隷福祉事業団を見学し、そこでの「理事長の講演や特別老人ホームの見学は、人生観を変える程の衝撃であった」という。聖隷福祉事業団は、病院や介護施設などを運営する社会福祉法人である。以来、高田は自分なりに福祉の現状を学んでいくなかで、「尊厳ある生き方をする為に必要な社会環境は、自分の手で作りだそう」との思いをもつようになり、会社でも何かできないかを模索していた。一九九一年にはヒントを求めて外部勉強会に参加しようと思い、生活科学研究所のシニア大学で学んでいたところ、「北欧長寿社会見学セミナー」の案内があり、「これだ！」と飛びついた。その北欧視察で、「車椅子に乗った高齢障害者が、スーパーや市場で楽しそうに買物」している姿が目に焼き付き、帰国後にさっそく、「高齢者・障害者の方による店舗設備のチェック」を会社に提案した。

この企画はスムーズに通り、一九九二年五月にはダイエー全店で、高齢者・障害者にとって店舗が使いやすいかどうかのチェックが実施された。その結果を踏まえて高田は、障害者用トイレと障害者用専用駐車区画の表示の変更、老眼鏡の設置という設備改善とともに、高齢者・障害者の視点を踏まえた「設計基準書」の見直しを提案した。いずれも同年八月に認められている。当時の高田は消費者サービス部に属していたが、その後は地球環境・社会貢献部に異動し、設計基準書の改訂作業とともに、「視覚障害者の方のお買物アテンド」のマニュアル作成、高齢者・障害者対応の接客に関わる従業員教育などに従事していった。一九九九年には視覚障害者の単独歩行を助ける「トーキングサイン」を導入するなど[*50]、バリアフリーの店づくりに長年取り組み、多くの成果を残している。

高田はベストヒーブ賞の受賞に際して、「ヒーブ協議会の会員一人一人が、高齢者・障害者の視点で、商品・サービス等を見直すことによって、障害者を不幸にしている社会システムを変革することが出来る」はずであり、「高齢者・障害者が住みやすい社会というのは、誰もが住みやすい社会に他ならない」と述べている。高田はヒーブの活動を通して、高齢者も障害者も「消費者」であるという、考えてみればごく当たり前のことに目を向けるようになったものといえよう。ただし、先述した経緯からわかるように、高田がこの問題に取り組むようになったのは、自身の生活経験のなかで高齢者・障害者のケアを担っていたからではない。ここではそのことに注意しておきたい。

最後に取り上げる第六回（一九九三年）のベストヒーブ賞の受賞対象は、ミサワホームの分譲マンション「ダイヤモンドスクエア哲学道公園」である。

この企画開発を担当したのは、ミサワホームの石橋照子である。[*51] 石橋はデベロッパー事業部で分譲マンションの商品企画、販売から引き渡しまでの営業業務全般を担当していたが、当時の分譲マンションは供給側からの視点が強く、「グロス価格からおって〔下りて?〕」、住戸面積の圧縮をはかったり、間取りの表示を大きくするため、無理な間取りを作ったり、場所が良いということで、住戸プランの検討もなされず環境だけで売る」といった状況にあり、そのことには常々不満をもっていた。「住宅は人が住むためのもので、住む人の立場、ヒーブとして生活者の視点に立った商品を構築したい」という思いを抱くなかで、この企画は、少人数用マンションという切り口でそれを実現する機会となった。

具体的には、①「大きい住戸はいらない。でもゆったり暮らしたい」、②「自分の好きなようにしたい」、③「人は呼びたい」、④「健康であること」という四つのキーワードを商品作りに反映させ、次のような形で実現させた。すなわち、浴室やトイレにはゆったりとしたスペースを確保し、食器乾燥機、浴室の手すり、ＣＳ放送、ガスの自動通報サービスなどを必要に応じて設置できるように設計した。玄関はミニギャラリーとして楽しい空間になるよう、天井にピクチャーレールを組み込み、絵に照明があたるよう配置した。ガスの給湯器は給湯能力が高いものに、水は清水と通常水に切り替え可能な水栓とし、建具のレバーハンドルは感触を大事にするため木製にした。住戸というハードの説明パンフレットだけでなく、住まい方という生活提案を「住マイル BOOK」という小冊子の形で加えたことも特徴であった。

売り出しの結果は即日完売で、会社に大きく貢献した。ベストヒーブ賞の受賞に際して、石橋は「不動産業の中で、ヒーブとして生活者の視点を忘れずに、着実に努力してきたことが、ヒーブ賞という大きな賞をいただくことにより、花が開いたと非常に感激でいっぱいです」と語っている。

以上にみたベストヒーブ賞のほか、日本ヒーブ協議会では、それに準じる「ナイスヒーブ賞」を設けていた。ナイスヒーブ賞には毎年数件の成果が選ばれたが、商品開発に関わるものとしては、「シングルスウォッシャーＣＯＰＡ（洗濯機）の開発」（三洋電機・三上仁美、第一回・一九八八年）、「除毛フォームの製品開発」（ピアス・塩澤美稚子、第二回・一九八九年）、「消費者ニーズをとらえた新製品「タンク丸」の商品開発と市場導入」（ジョンソン・越生多恵子、第四回・一九九一年）、「日立全自動洗濯機「カラッと脱水」の商品開発と顧客訴求抽出」（日立製作所・宮下和枝、第六回・一九九三年）、「流し台下の収納庫を衛生的に使用できるシートの開発」（三菱アルミニウム・櫻井美恵子、第七回・一九九四年）、「三菱全自動洗濯機（MAW-60J1）の開発」（三菱電機・今村浩子、第八回・一九九五年）といった成果が受賞を果たしていた。[*52] もちろん、こうした受賞例以外にも日本ヒーブ協議会の会員が関わった商品は数多く、さまざまな企業で着実に成果を挙げていた。[*53]

これらの事例をベストヒーブ賞とあわせてみれば、商品・サービス開発におけるヒーブの仕事は、たしかに女性であることを活かし、消費者の視点から、あるいはケアの視点から取り組まれていたことに特徴があった。しかし、事例に即して実際の仕事ぶりをみる限り、女性の感性や生活経験だけがものをいうわけでもなかった。当然、デザイナーや企画開発者としての能力がまず問われ、会社の経営環境に対する理解や、業務運営に関する経験の積み重ねも求められた。その意味で、ケアを担う女性であることが仕事上の強みにつながる、というヒーブの自負は、それ自体として直ちに成果が約束されるようなものではなかったといえよう。

5　消費者対応におけるヒーブの仕事

それに対して、女性であることの必要性自体を問われたのが、消費者対応の仕事にあたるヒーブであった。そのことを理解するには、企業における消費者対応部門の整備がどのように進められたのかを確認しておかねばならない。特に重要なのは、一九八〇年に設立されたＡＣＡＰ（消費者関連専門家会議）の動向である。少し詳しくその動向をみておくことにしたい。

一九六八年に制定された消費者保護基本法には、事業者に消費者からの苦情処理体制を整備するよう求める規定があったが、企業の対応は鈍く、通産省からは一九六九年と一九七六年に「業界における苦情処理体制の整備について」、一九七九年に「産業界における消費者志向体制の整備について」という形で、再三にわたって産業界にその整備を求める通達が出された。[*54] この課題に呼応する形で一九八〇年に設立されたのが、ＡＣＡＰである。

ＡＣＡＰ（エイキャップ）とは、Association of Consumer Affairs Professionals の頭文字からとられた名称で、日本語では「消費者関連専門家会議」と呼ばれる。きっかけは設立の前年、一九七九年に日本生産性本部がアメリカに「訪米ＨＥＩＢ調査団」を派遣した際、現地でアメリカの SOCAP を視察したことにあった。もともと調査団は「ＨＥＩＢをよく理解し、その有効活用を考えるならば、大きな意味での消費者問題（Consumer Affairs）や企業環境（Public Affairs）に取り組んでいる SOCAP（Society of Consumer Affairs Professionals in Business）の機能を見、企業が消費者や行政とよりよき関係を築いていくための参考にしたい」という狙いをもって出発していたという。[*55]

SOCAP は一九七三年にアメリカで設立され、その名称には「企業内消費者問題専門家会議」との訳語が当てられている。具体的には、①消費者対応の場において企業の誠実性の高揚と維持を図り、②企業・行政・消費者の三者間の効果的なコミュニケーション理解を助長・促進するべく、③消費者問題担当専門職の明確化と資質の向上に努める組織であった。[*56] アメリカにおける消費者運動が、コンシューマリズムの高まりのなかで、個々の商品やサービスという次元を超えて、企業の基本理念や哲学までをも問うようになったことを受けて、企業の側がそれに対応するべく

SOCAPの設立へと向かったといわれる。こうした位置づけを踏まえると、訪米HEIB調査団がHEIBの「有効活用」のためにSOCAPに目をつけたという経緯は興味深い。

訪米HEIB調査団が帰国すると、日本生産性本部がイニシアティブをとる形で「SOCAPジャパン」の設立構想が具体化していった。そのなかで、SOCAP支部を名乗るには会則の規定と条件の面で無理だと判断され[*57]、結局ACAPという日本独自の組織に落ち着いたが、特に問題となったのは、日米の雇用慣行の違いであった。日本企業の場合には、長期雇用を前提として企業内にとどまる担当者が、二、三年ごとに異動で入れ替わってしまうため、アメリカのように転職を繰り返しながらスキルとキャリアを積んでいく専門職としてのあり方にそぐわず、その違いに応じた組織と活動が求められたのであった[*58]。

ACAPの活動は、日本企業における消費者対応部門の整備に大きく貢献した。全数調査ではないものの、国民生活センターの調べで把握される限り、社内に「消費者関連窓口」があるとした企業の数は、一九七二年の八〇社から一九八八年に八五〇社へと大幅に増加している[*59]。企業によってその名称はさまざまで、「消費者相談室」「消費者室」「お客様相談室」「お客様センター」「お客様サービス部」などの名前で消費者対応部門が置かれていった。消費者対応部門の役割や意義についての認識も深まり、単なる苦情や問い合わせの窓口としてではなく、「お客様」の声を消費者ニーズの把握や商品企画という全社的なマーケティングにつなげようとする認識が深まっていった。先に挙げた通産省の一九七九年通達が謳う「消費者志向体制」とは、まさにこうした全社的な位置づけを求めるものであった。ACAPはそれに応える形で、消費者対応における業務内容のマニュアル化とともに、企業の経営理念や全社的なマーケティングに位置づける理論化を進めていったのである。[*60]

以上、ここまでやや詳しくACAPのことをみてきたのは、消費者対応の仕事にあたるヒーブの多くにとって、ACAP会員は会社で直属の上司にあたる関係をもっていたからである。[*61]

すなわち、ACAPは消費者対応部門の担当者による企業横断的な組織で、個人会員制だが所属企業の担当者という肩書きで会員資格を得ていた。人事異動があれば正会員資格を後任者にそのまま引き継ぐこともできた。ACAP会員の大半は、四〇―五〇歳代の課長職以上にある管理職で、少なくとも一九九〇年代半ばまでは男性であった。要するに、ACAPとは、新たに設置が進められた消費者対応部門の男性管理職が集まる組織だったのである。

ACAP会員の所属企業はBtoC関連の有名企業が多くを占めており、日本ヒーブ協議会の会員企業とも重複していたため、消費者対応に従事するヒーブ（女性）からみると、社内のACAP会員は直属の上司（男性）という関係にあった。第3章で具体的にみたように、日本ヒーブ協議会の会員は、さまざまな仕事にまたがっていたが、消費者対応にあたる会員の量的な比重は大きかった。そのため、日本ヒーブ協議会が会員を女性に限定し続けたことには、こうしたACAPとの関係も影響していたとみられる。[*62]

こうした両者の関係に関連して、ACAP会員がヒーブをどうみていたのかを調べた興味深い調査がある。[*63]

図4―1は、その調査からＡＣＡＰとヒーブの社内認知度に関する結果をまとめたもので、一九九二年時点のものである。少し紛らわしいが、この図にある「ヒーブの認知度」というのは、ＡＣＡＰ会員が「社内各レベルにおけるヒーブの認知度」をどれくらいのものと認識していたのかを表しており、「ＡＣＡＰの認知度」というのは、ＡＣＡＰ会員が自身で「社内各レベルにおけるＡＣＡＰの認知度」をどう見積もっていたのかを示している。これによれば、総じてＡＣＡＰ会員は、ＡＣＡＰに比べてヒーブの社内認知度が低いと認識しており、消費者関連部門社員からみたヒーブ認知度はそれなりに高いが、その他のヒーブ認知度はきわめて低いとみていた。

同じ調査のなかで、ＡＣＡＰ会員はヒーブの将来性について、「今後ますます活躍の場が与えられる」（二三・九％）、「ヒーブの考え方・提言が企業に反映されるよう援助する必要がある」（五六・五％）というように、前向きに捉えていた。しかし、「消費者対応としてふさわしいと思われる人は？」という質問に対する回答の分布は、性別に関して、「男性の方がよい」が四・四％、「女性の方がよい」が一六・三％、「どちらでもよい」が七二・三％、婚姻関係に関して、「未婚の方がよい」が一・六％、「既婚の方がよい」が二三・九％、「どちらでもよい」が七一・八％という結果であった。性別も婚姻も「どちらでもよい」という回答が七割以上を占める結果は、女性性や女性としての生活経験に仕事の基礎を置こうとするヒーブにとって、自らの存在意義を否定されかねないものである。さらに興味深いことに、「ヒーブとしてふさわしいと思われる人は？」

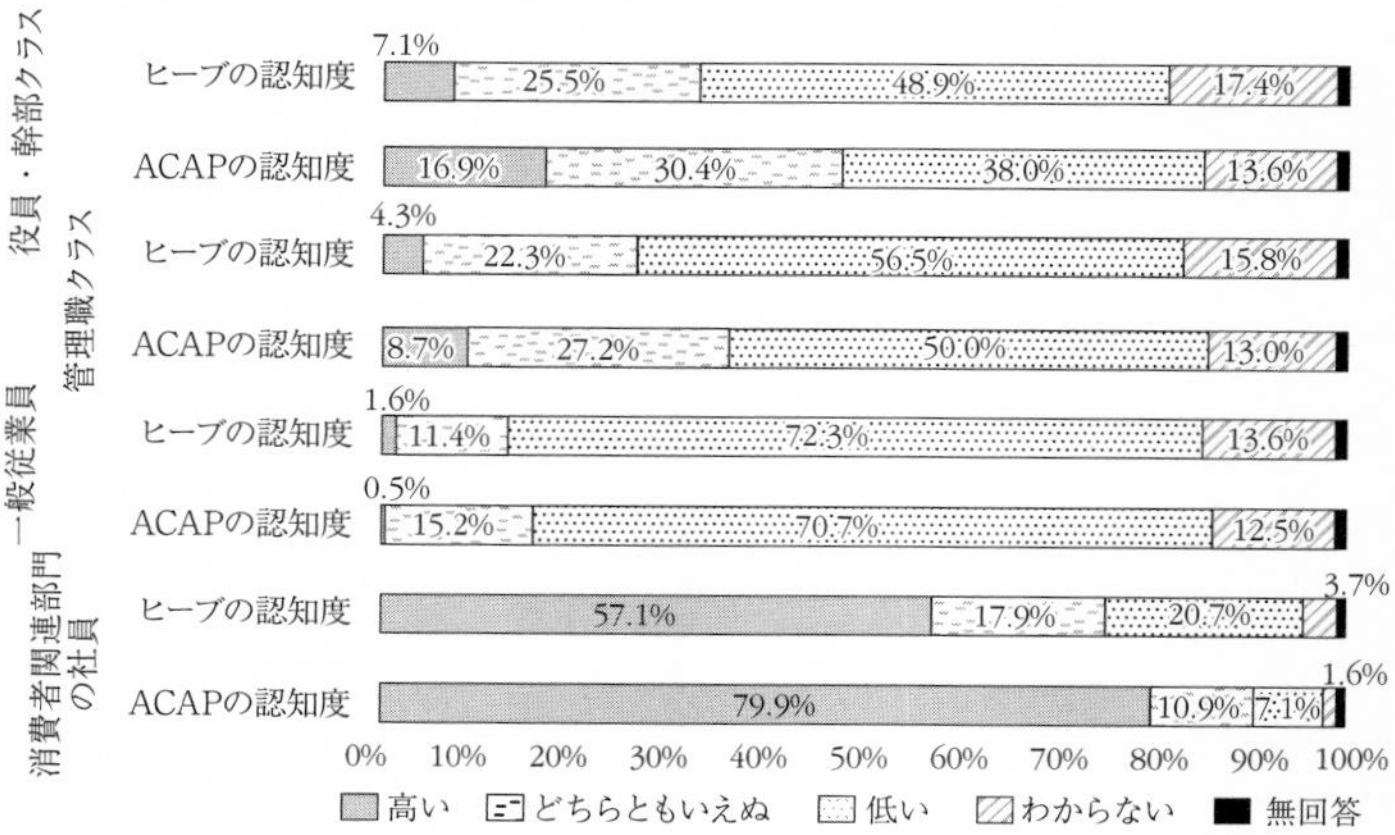

図4—1　ACAPおよびヒーブの社内認知度（ACAP会員へのアンケート結果）（1992年）

（出所）三宅栄子＋辻禎子＋伊藤安子＋臼井和恵＋大谷陽子＋木村静枝＋内藤道子＋中沢孝江＋松岡明子「ヒーブの現状と将来に関する研究——ACAP会員に対するヒーブの実態調査から」『消費者教育』14号、1994年、129頁により作成。

（註）対象はACAP会員395名。有効回答は184名（回収率47.2%）。ACAP会員がそれぞれの社内認知度をどの程度だと認識しているか、というアンケート調査の結果を示す。

という質問に対するACAP会員の回答は、「男性の方がよい」が一・一%、「女性の方がよい」が三九・一%であるのに対して、「どちらでもよい」が四八・九%にも上っていた。

表4—4は、別の調査により、一九八九年時点における消費者対応部門の平均担当者数を男女別にみたものである。全体では一社当りの平均担当者数は一一・八人で、うち男性が八・八人、女性が三・〇人という結果になっている。業種別にみても、女性が男性を上回るのは繊維・衣料のみであった。表には示していないが、ここでの調査に回答した四五六社のうち、男性がゼロという会社は

七社（一・五％）のみであったが、女性がゼロという会社は一二三社（二七・〇％）にも上る。数のうえからいっても、消費者対応は男性のほうが多い仕事として定着していたのである。

この点、非正規雇用の女性が多いという、いわゆるコールセンターのイメージとは異なっている。[*64] 消費者対応部門は単なる電話応対の部署ではなく、「消費者志向体制」のもとにあって、商品開発や経営改善へのフィードバックが期待される重要な位置を占めるため、担当者には全社的な経営に通じた能力が求められた。たとえば、「消費者志向体制」の先進事例として知られる花王では、[*65] 一九七八年に「エコーシステム」と呼ばれる消費者対応のシステムを開発し、そこでは、コンピュータに商品情報や関連する生活全般の情報が入っており、消費者からの相談内容はデータベース化され、全社で閲覧・共有され、製品開発部門にも随時提供されていた。シャンプーとリンスの容器を識別する「きざみ」の開発（一九九一年）も、エコーシステムの取り組みに端を発している。

もう少し具体的なイメージをつかむために、花王と並んで先進事例として知られるサントリーの消費者対応部門を紹介しておきたい。

サントリーが「消費者室」を置いたのは一九七六年のことで、大阪と東京で同時に立ち上げ、大阪は二人、東京は三人という少ないスタッフでのスタートだった。[*66] 日本ヒーブ協議会の第一一期（一九八九年）会長となる近藤康子は、一九七〇年入社で大卒女性定期採用の第一期生として宣伝部に配属となったが、一九七七年に消費者室への異動を命じられ、以後、消費者対応のスペ

	男性	女性	合計	女性比
食品	4.0	1.9	5.9	32.2%
水産	3.0	0.7	3.7	18.9%
食品	4.1	2.0	6.1	32.8%
繊維・化学	3.9	3.8	7.7	49.4%
繊維・衣料	3.1	3.9	7.1	54.9%
化学・石油	4.2	3.8	7.9	48.1%
電機・機器	32.3	5.0	37.3	13.4%
電機	44.1	4.6	48.7	9.4%
輸送機器	14.3	6.2	20.5	30.2%
精密機器	17.1	4.6	21.8	21.1%
商業	3.8	3.3	7.1	46.5%
百貨店・スーパー・量販店	3.2	2.6	5.8	44.8%
その他の流通・商業	4.6	4.5	9.1	49.5%
金融・保険	10.3	1.5	11.8	12.7%
その他	8.7	3.1	11.8	26.3%
建設・住宅	16.3	1.3	17.7	7.3%
その他の製造業	7.0	3.1	10.1	30.7%
電力・ガス・電話	14.3	8.4	22.6	37.2%
運輸	10.2	2.7	12.8	21.1%
その他	3.3	1.0	4.3	23.3%
全企業平均	8.8	3.0	11.8	25.4%

表4―4　消費者対応部門の平均担当者数（1989 年）

（出所）『企業の消費者対応に関する調査』国民生活センター、1990 年、60-68 頁により作成。単位は人。

（註 1）調査対象は消費者対応部門を置く 898 社、有効回答 456 社（回収率 50.8%）。

（註 2）電機・機器の多さは、調査の意図に反して、営業所・工場・事業所などの担当者を含めてしまった回答があったためであると指摘されている（15 頁）。

シャリストとして、社内で「生き字引」といわれるほど活躍していった。[*67] 一九八五年には課長となり、サントリーグループ初の女性管理職二名のうちの一人に数えられ、その後は部長への昇進も果たしている。サントリーの同部署では男性管理職がACAP会員となっており、[*68] 男性管理職がもたらすACAPの知見と、ヒーブ会員として消費者対応にあたる近藤康子の実務経験が組み合わされる形で、サントリーの消費者対応部門は発展を遂げていった。

消費者室の発足当初は、「これはおかしい、取り替えてほしいという、いわゆる苦情（クレーム）についての対応が主で、年間約二五〇〇件の情報を扱っていた」が、その後はあらゆる情報を扱う部署として、宣伝関連の問合せやキャンペーン情報も全て対応する形となり、一九九五年頃には年間五万件前後を扱うまでになった。[*69] この間、一九八〇年には情報分析にパソコンを導入し、一九八七年には部署名を「お客様相談部相談室」に改め、全商品に相談部の電話番号を記載するとともに、「お客様対応システム」（Sun・Q・NET：サンキューネット）が稼働を始めた。さらに、インターネットの普及に伴って、一九九五年にはホームページを開設し、一九九七年からはEメールでの問い合わせ受け付けを開始、「お客様対応システム」を全社共有の形で発展させた「ハーモニクス（HarmoniCS）」が稼働している。[*70] この「お客様対応システム」は、情報の入手日、商品名、製造工場名、容器の種類、顧客の地域・性別・世代・情報の種類、顧客からの意見や担当とのやり取りをデータベース化したもので、全社の各部署が関連がある情報を自由に検索できるシステムとなっていた。[*71]

このように、「消費者志向体制」の整備は、コンピュータの導入によるテクノロジーの発展と不可分な形で進み、そこでのシステムの開発や運営から、情報の管理やフィードバックまでを担うのが、消費者対応部門の仕事だったのである。

以上を踏まえて、消費者対応にあたるヒーブの実際の仕事ぶりをみていくことにしたい。

奥村純子（ジョンソン）は、「私はこんなヒーブを目ざしたい」という手記のなかで、次のように語っている。[*72]

日常業務は、消費者からの苦情・問い合わせに答えることが大きなウエイトを占めていますが、ここにはなかなかやりがいを見いだすことはできません。しかし、製品開発に際しても、製品を正しく使って頂くための消費者啓発の場合でも、消費者からの生の情報を持っていることが他のセクションの人にはないメリットです。苦情や問い合わせを寄せてくださる一部の消費者の声の中から、消費者全般の声を聞き取れるヒーブを目ざしています。

顧客への応対それ自体にはやりがいを感じられない、という指摘は重要である。ほかのヒーブからも同様の声が聞かれる。たとえば、タカラブネの「お客様相談室」で働く弓波福子も、自身の仕事のやりがいを次のように記している。[*73]

品質保証部のお客様相談室に配属になって初めて、電話の応対を通じてお客様と直接ふれあう仕事にたずさわることになりました。入社以来、経理、製造・営業の間接部門や共済会で、伝票処理などの事務的な業務をしてきましたので、毎日電話口で、製品である和洋菓子に対するお客様のクレームを受け付けて処理をするだけの仕事では、晴れ晴れした気分にはなれませんでした。

しかし、弓波はそれに続けて次のように述べる。

ヒーブに参加してはじめて、お客様の声が会社の基本方針にまで反映している企業があること、その仕事にヒーブが係わっていることを知り、カルチャーショックを感じました。それが、自分の会社を客観視する出発点になったように思います。／なぜクレームが発生したのか、原因を追求するとともに、クレームの再発を防止するために関連部門と調整します。〔…〕また、直接トップに対して、お客様の生の声が、数字としてのみでなく、正確に速く届くシステムもつくり始めました。「根回し」の煩わしさもちょっぴり味わいますが、クレームの後始末から予防へ、改革を進めています。

この文章からは、消費者対応にあたるヒーブにとって、会社の基本方針や全社的な対応につながることが理解されてくるにしたがって、やりがいのある意義深い仕事だと感じられるようになっていった、ということがよくわかる。

この点、羽澄愛子（日清製粉）も、「ヒーブとして仕事にやりがいを感じる時」について、次のように述べている。[*74]

消費者対応窓口を通して、消費者の声を社内にフィードバックし、その内容が社内に通って、商品の表示の改善・品質の改善などにつながり、その改善された商品が出来上がったのを見た時、また店頭で手にとって見た時それぞれに違った嬉しさを感じます。

このように、消費者対応のヒーブは、社内へのフィードバックやそれを通じた商品の改善に大きなやりがいをみいだしていた。

さらに、羽澄はこれに続けて、「生活者としてのヒーブの感性や、生活者としてのいろいろな体験が、消費者対応や消費者の声のスクリーニングに役立った時などにも非常にやりがいを感じ」ると述べている。

この点に関わって、「ベストヒーブ賞」（前掲表4―2）の第八回（一九九五年）受賞者となった村田美子（永谷園）の事例を具体的にみておきたい。この受賞は、それまで毎年数件発生していたホットケーキミックスの異物混入の苦情を解決に導いた成果が評価されたものである。[*75]それまでは社内に原因がないことを確認するにとどまっていたが、新たに小麦粉の原料メーカーにも問い合わせてみたところ、異物である樹脂片が泡立て器の一部であることが判明し、同業他社に同じ苦情が寄せられていたことも確認できた。泡立て器の発売元は西友で、西友のヒーブ会員を通じて製造メーカーに事情を「力説」してもらい、解決に至ったという。

そこでのポイントは、泡立て器の男性設計者が想定する設計強度が不十分だったことにある。「泡立て器の使用時、タネを混ぜた後、泡立て器に付着しているタネをボールにたたきつけて落とす」という「主婦なら誰しも心当たりのある」使用方法が想定されておらず、それによる強度不足が原因で異物混入が発生していたのであった。西友のヒーブ会員が「力説」した事情というのも、この使用方法のことを指している。受賞に際して村田美子は「消費者相談業務という日常の地味な業務それ自体を評価して頂き、他の会員から、励みになった、と言ってもらえた事が大変嬉しい」とそのよろこびを語っている。[*76]

この事例は、たしかに「主婦」としての生活経験がよく生かされ、その意味でヒーブらしさがよく表れている。しかし、消費者対応の仕事に、そうした生活経験が常に必要となるわけではなかった。たとえば、昭和産業における消費者対応の例では、「分別ゴミを出す時、紙の部分と金属部分を分けるのに苦労」したという「お客様」のハガキをきっかけに、パスタギフトセット用の丸い筒の容器を分別ゴミとして捨てやすいものに改善した。そのプロセスでは、使用後の捨てることまで考えていなかった製品作りを反省し、営業企画部門にフタ以外は紙の筒にするよう働きかけた。最初は容器の強度やコストなどを理由に受け入れられなかったが、粘り強く何度も訴えて一年半後に切り替えることができたのだという。[*77]

サントリーの近藤康子は、「消費者対応に必要なヒーブ的視点と生活体験」という文章のなかで次のように説いている。[*78]

お客さまからの苦情ばかりでなく、ご相談・意見・要望・アイデアの中から事業活動に反映する現場の声を集めることが、課題の一つである。／そのために、まず、お客さまの言いたいことをとにかく聞く。どんなことにでも傾ける耳を持つことが、サービスの一つの姿勢である。そして、企業の常識を生活に根ざした易しいことばで、生活者の常識に立った発想でお客さまにお伝えする。／また反対に、お客さまからの生活に根ざした表現の要望・意見を企業の論理に組み変えてフィードバックすることが私の役目である。／それらの情報をいかに読み取るかということは、日々の積み重ねと自分自身の生活感覚、キャリア以外の何ものでもない。／ヒーブは、生活に根ざした感覚を身につけないといけない。

近藤自身の言葉にあるように、「企業の論理に組み変えてフィードバックする」うえでは、女性性や生活経験だけでは不十分である。商品開発と同様に、消費者対応という仕事もまた、会社の経営環境に対する理解や業務運営に関する経験を求められるものだったのである。そのなかで、

「生活者としてのヒーブの感性や、生活者としてのいろいろな体験」（羽澄愛子）、「生活に根ざした感覚」（近藤康子）といった点が強調されるのは、先にみたように、消費者対応の仕事に女性性や生活経験が必ずしも必要ではないとみる上司や社内の視線があったからに違いない。

全社的なフィードバックを期待される消費者対応の仕事は、他の部署とのやりとりも多く、社内でキャリアを積むほどやりがいも出てくる。そのやりがいに目覚めさえすれば、経営全体を見渡す視点をもちやすい仕事として、管理職への昇進に意欲を燃やすことにもつながるだろう。しかし、会社で上司にあたるACAP会員の間でも、消費者対応の仕事に女性性が必要だという理解は乏しく、実態としても、消費者対応部門は男性のほうが多い部署となっていた。ケアを担う女性だからこそ企業で活躍できる、というヒーブの自負は、そうしたなかで男性社員に負けず、あるいはそれ以上に、能力の向上やキャリアの上昇をめざそうとする意志の表れにほかならなかったのである。

＊　＊　＊

以上ここまでみてきたように、ヒーブは総じて仕事にやりがいを感じており、その能力を発揮する場を得ていた。管理職への意欲もしだいに高まり、実際に管理職となる女性も増えていった。

そのことの意義は、まず何よりも強調されるべきである。

ただし、日本企業の間では、ヒーブを専門職とする動きが限定的なものにとどまり、日本ヒーブ協議会に集う多くの会員は、社内でヒーブとは呼ばれず、自らもふだんはヒーブであることを特段意識せずに働いていた。「企業と消費者とのパイプ役」という協議会のヒーブ規定自体が曖昧なものであり、だからこそヒーブは「ヒーブらしさとは何か」ということを協議会の場で考え続けることになったが、企業の期待は女性の発想や感性を発揮してほしいという、それ以上に曖昧で捉えどころのないものであった。

ケアを担う女性だからこそ企業で活躍できる、というヒーブの自負は、そうした企業からの女性性に対する曖昧な期待を、少しでも意味のあるものにとらえ返そうとする意志の表れであった。ヒーブはヒーブらしさに仮託した女性性を積極的に背負うことを通じて、そうした企業の期待を自らのキャリアを切り拓く力に変えていこうとしたのである。

ヒーブの実際の仕事ぶりをみると、商品開発においても、消費者対応においても、たしかに女性ならではの視点や、ケアを担う生活感覚が活かされる局面があった。ケアの視点を踏まえた商品開発はさまざまな成果となって世に出され、プロジェクトを任されるヒーブはそこに大きなやりがいを感じていた。「お客様」からの問い合わせや苦情にこたえる消費者対応の仕事は、その応対自体に必ずしもやりがいを感じられるものではなかったが、そこからのフィードバックが商品や経営の改善につながっていくことには、大きなやりがいを感じていた。しかし、いずれにしても女性性や生活経験だけでは通用しない仕事であり、特に消費者対応は男性のほうが多い仕事となっていて、社内では女性が担当する必要性自体を問われかねない状況にあった。

その意味で、日本ヒーブ協議会が就労視点を強く打ち出し、キャリア支援にも力を入れ、何よりも各社で「女性初の」といわれるキャリアを切り拓いた女性のロールモデルを提供する場となったことは重要であった。ただし、会員に結婚・出産・育児を機に退職せざるをえない女性が少なくなかったことは、第3章でみた通りである。その現実は、ケアを担う女性だからこそ企業で活躍できる、という自負だけでどうにかなるものではなかった。それをたしかめることが、次章の課題となる。

註

＊1　大槻奈巳『職務格差——女性の活躍推進を阻む要因はなにか』勁草書房、二〇一五年。

＊2　岩田正美＋大沢真知子編著『なぜ女性は仕事を辞めるのか——5155人の軌跡から読み解く』青弓社、二〇一五年。

＊3　「家庭用品のレック、アイデア商品」『日経産業新聞』一九八六年四月一一日付。

＊4　「食品メーカー初のヒーブ制度を導入」『日経流通新聞』一九七九年一月一一日付。

＊5　山本加津子「生活者の声を反映させる企業」『新聞研究』四八二号、一九九一年、四三頁。
＊6　『企業の消費者関連部門で働く女性像——日本ヒーブ連絡協議会会員実態調査報告』日本ヒーブ連絡協議会、一九七九年、二三—二五頁。
＊7　『ヒーブ白書——豊かな明日に向かって』日本ヒーブ協議会、一九八八年、二六頁。
＊8　『第4回　日本ヒーブ協議会会員実態調査』日本ヒーブ協議会組織委員会、一九八六年、四頁。会員数二三九のうち回収票二〇八（回収率八七％）。
＊9　前掲『企業の消費者関連部門で働く女性像』二三—二五頁。
＊10　有効回答は一九八三年調査が一二五人、一九八八年が二七二人、一九九二年が三四六人となっている。『ヒーブ白書——21世紀のライフデザイン　より良い社会のために働くヒーブ』日本ヒーブ協議会、一九九三年、三六頁。
＊11　中部産業・労働政策研究会によって一九九一年に行われた調査で、愛知県を中心にした働く女性二三一五名から有効回答を得たもの。自動車製造業や同部品製造業を中心とした製造業が中心であるという。ここでは、脇坂明『職場類型と女性のキャリア形成』御茶の水書房、一九九三年、第一章を参照した。
＊12　前掲『ヒーブ白書——21世紀のライフデザイン』三六頁。
＊13　「ストレス、働く女性にズシリ」『日本経済新聞』一九九〇年八月二三日付夕刊。
＊14　前掲『企業の消費者関連部門で働く女性像』六頁。
＊15　『日米ヒーブ・ワーキングウーマンの仕事と暮らし——労働意識、生活意識とライフサイクル、家

事意識』日本ヒーブ協議会、一九九一年、四頁。

＊16　辻禎子＋臼井和恵＋大谷陽子＋大林茂子＋木村静枝＋立石睦子＋松岡明子＋三宅栄子「ヒーブの個人的属性と企業内での位置――ヒーブと「表示」に関する実態調査Ⅰ」『消費者教育』一二号、一九九二年、一〇九頁。会員四五名を対象とした調査。

＊17　『ヒーブ白書――女はこう働く』日本ヒーブ協議会、一九八三年、三七頁。

＊18　前掲『ヒーブ白書――21世紀のライフデザイン』三七頁。

＊19　前掲『第4回　日本ヒーブ協議会会員実態調査』七―八頁。

＊20　前掲『ヒーブ白書――21世紀のライフデザイン』三七頁。

＊21　前掲『第4回　日本ヒーブ協議会会員実態調査』九―一〇頁。

＊22　前掲『ヒーブ白書――21世紀のライフデザイン』三八頁。

＊23　この点は表4―1の出所資料には直接書かれていないが、『働く女性と暮らしの調査（第2回）――働く女性の生活価値観』（日本ヒーブ協議会、一九九一年）に、元となった調査票が添付されていることから判明する。

＊24　前掲『日米ヒーブ・ワーキングウーマンの仕事と暮らし』六二頁。

＊25　この点は、調査のなかでアメリカとの際だった違いの一つとして強調されている。

＊26　日本ヒーブ協議会編『生活者と企業の豊かな関係をつくる女性たち』新水社、二〇〇四年、六四頁。

＊27　前掲「ストレス、働く女性にズシリ」。

＊28　たとえば、主要五社における乗用車のモデル数を販売通称名から数えると、一九六七年に七七だったものが、一九八〇年には一七六三にも上っている（米倉誠一郎「共同幻想としての日本型システムの出現と終焉」森川英正＋米倉誠一郎編『日本経営史5　高度成長を超えて』岩波書店、一九九五年、三二一頁）。また、ビールの品種は一九七五年に三七であったのが、一九八四年には一四〇種にもなっている（橋本寿朗『日本経済論――二十世紀システムと日本経済』ミネルヴァ書房、一九九一年、八九頁）。

＊29　「シャープのオーブントースターレンジ「RE-102」」『日経流通新聞』一九八七年六月二日付。

＊30　岡田圭子「『ユースシリーズ』の開発について」日本ヒーブ協議会『News Letter』一〇三号、一九八九年、国立女性教育会館所蔵。

＊31　「シャープ執行役員・岡田圭子さん」『朝日新聞』二〇一一年四月九日付。

＊32　日本電機工業会「電子レンジの歴史」（https://www.jema-net.or.jp/Japanese/ha/renji/history.html）。

＊33　「電気カーペット　シャープ空調機器商品企画部副主任岡田圭子さん」『日経産業新聞』一九八四年九月一八日付。

＊34　前掲「シャープ執行役員・岡田圭子さん」。

＊35　「一味違う横断組織、シャープの総合デザイン本部」『日経産業新聞』一九八四年三月二七日付。

＊36　前掲「一味違う横断組織、シャープの総合デザイン本部」。

＊37　「女性の持ち味生かすシャープ、販促・商品化に活用」『日経産業新聞』一九八六年五月一四日付。

＊38　前掲、岡田「『ユースシリーズ』の開発について」。

＊39　前掲「シャープ執行役員・岡田圭子さん」。

＊40　『News Letter』号数記載なし、一九七九年六月六日、国立女性教育会館所蔵。
＊41　「日本ヒーブ協関西支部長・岡田圭子さん」『読売新聞』一九九三年五月一七日付大阪夕刊。
＊42　前掲『ヒーブ白書――豊かな明日に向かって』三八頁。
＊43　前掲、岡田「『ユースシリーズ』の開発について」。
＊44　「1990年度ヒーブ賞を受賞して」『マンスリーヒーブ』一二五号、一九九一年、国立女性教育会館所蔵。
＊45　「INAX 杉田奈々子氏　「ベストヒーブ」に選ばれましたね」『日経産業新聞』一九九一年一月四日付。
＊46　『News Letter』七四号、一九八六年、国立女性教育会館所蔵。
＊47　前掲「1990年度ヒーブ賞を受賞して」。
＊48　前掲「INAX 杉田奈々子氏　「ベストヒーブ」に選ばれましたね」。
＊49　以下、高田かおりに関する記述は注記のない限り、「1992年度ヒーブ賞を受賞して」（『マンスリーヒーブ』一四五号、一九九三年、国立女性教育会館所蔵）による。
＊50　「視覚障害者向けに音声案内　流通業こそ福祉に力を」『日経流通新聞』一九九一年一〇月二二日付。
＊51　以下、石橋照子に関する記述は、「1993年度ヒーブ賞を受賞して」（『マンスリーヒーブ』一五四号、一九九四年、国立女性教育会館所蔵）による。
＊52　前掲、日本ヒーブ協議会編『生活者と企業の豊かな関係をつくる女性たち』巻末資料。

＊53　たとえば、食器メーカーのニッコーによる洋食器「スイート・ハーベッジ」シリーズ、三菱電機が一九八六年に発売した下着専用乾燥機「セシエ」、音響メーカーのパイオニアが一九八八年に発売した多機能ミニコンポ"Private"「CD330」などがある。
＊54　藤岡里圭「消費者行政」石原武政編著『通商産業政策史4　商務流通政策』経済産業調査会、二〇一一年、三二九―三三〇頁。
＊55　「ACAP4年半のあゆみ」『ACAP forum』五巻一号、一九八五年、二〇頁。
＊56　「「ACAP」設立へと動き出した企業内消費者専門家たち」『宣伝会議』二七巻二号、一九八〇年、四〇頁。
＊57　前掲「「ACAP」設立へと動き出した企業内消費者専門家たち」。
＊58　山本和夫「ACAPに参加してほしい　ACAPの意図するもの」『日本百貨店協会会報』一〇五一号、一九八〇年、二八頁。
＊59　『企業の消費者対応に関する調査』国民生活センター、一九九〇年、はしがき。
＊60　消費者関連専門家会議編『消費者対応実務事典』法令総合出版、一九八八年、七―九頁。
＊61　三宅栄子＋辻禎子＋伊藤安子＋臼井和恵＋大谷陽子＋木村静枝＋内藤道子＋中沢孝江＋松岡明子「ヒーブの現状と将来に関する研究――ACAP会員に対するヒーブの実態調査から」『消費者教育』一六号、一九九六年、一二五―一二八頁。
＊62　第3章のなかで注記した篠崎悦子の発言がその認識を示している。
＊63　三宅栄子＋辻禎子＋伊藤安子＋臼井和恵＋大谷陽子＋木村静枝＋内藤道子＋中沢孝江＋松岡明子

「ヒーブの現状と将来に関する研究――ACAP会員に対するヒーブの実態調査から」『消費者教育』一四号、一九九四年。ACAP会員三九五名に対するアンケートで、有効回収数一八四名（回収率四七・二％）。回答者の中心は四〇代（四六・二％）・五〇代（四三・五％）、課長以上（八二・六％）の管理職で、社内では消費者対応部門におけるヒーブの上司にあたる関係にあったことが確認されている。

＊64　コールセンターについてはさしあたり、仁田道夫編『コールセンターの雇用と人材育成に関する国際比較調査』東京大学社会科学研究所、二〇一〇年、仲村和代『ルポ　コールセンター――過剰サービス労働の現場から』朝日新聞出版、二〇一五年を参照。

＊65　「花王　エコーシステム」『日経流通新聞』一九八六年一一月三日付、「我が社のCS戦略　花王」『日経産業新聞』一九九四年四月一九日付。

＊66　二〇〇八年時点では「五〇人余りの大所帯」となっている（近藤康子＋松尾正二郎『サントリーがお客様の声を生かせる理由』中経出版、二〇〇八年、四七頁）。

＊67　「奮戦女性管理職（4）」『日経産業新聞』一九八八年九月二一日付。「サントリー課長近藤康子氏」『日本経済新聞』一九九五年六月一九日付。

＊68　サントリーの土居敬和は、先述の「訪米HEIB調査団」に参加し、ACAPの設立を主導した人物の一人であった（『ACAP forum』三四号、一九八四年、二頁）。

＊69　近藤康子「インターネット時代のサントリーにおけるお客様相談室の活動」『ビジネスリサーチ』九〇七号、二〇〇〇年、六四―六五頁。

＊70　前掲、近藤＋松尾『サントリーがお客様の声を生かせる理由』一四頁。

＊71　前掲、近藤「インターネット時代のサントリーにおけるお客様相談室の活動」六七頁。
＊72　前掲『ヒーブ白書――豊かな明日に向かって』三三頁。
＊73　前掲『ヒーブ白書――21世紀のライフデザイン』四八頁。
＊74　前掲『ヒーブ白書――豊かな明日に向かって』三四頁。
＊75　「第八回ベストヒーブ賞」決定」『レポートヒーブ』三五号、一九九六年。「1995年度第8回ヒーブ賞　受賞発表会」『マンスリーヒーブ』一七四号、一九九六年、ともに国立女性教育会館所蔵。
＊76　前掲「「第八回ベストヒーブ賞」決定」。
＊77　『ヒーブ仕事の本――生活者視点の活かし方』日本ヒーブ協議会、一九九八年、四〇頁。
＊78　前掲『ヒーブ白書――豊かな明日に向かって』二一八頁。

第5章

ヒーブにとっての子育て経験

家政学士に限定せず、家政学会に足場を置かない日本的なヒーブは、女性としての生身の生活経験や生活感覚のなかに「ヒーブらしさ」の基礎を置くものとなった。そうであるとするならば、ヒーブにとって出産や育児は、女性としての生活経験や生活感覚をより豊かにするという特別な意味をもつはずである。そして、そうした理解を周りの家族や所属する企業も共有していたならば、ヒーブが出産・育児と仕事とを両立できるよう、手厚いサポートを惜しまないはずである。出産や育児の経験がヒーブの仕事をよりよいものにするのであれば、手厚いサポートがないことのほうがおかしいからである。

しかし、ヒーブは両立の困難に直面していた。本章では、日本ヒーブ協議会の自主研究会「1・57を考える研究会」の取り組みに注目し、その現実がいかなるものであったのかを具体的にみていく。研究会の名前の由来は、一九八九年の合計特殊出生率が1・57という、当時の過去最低を下回ったことが判明した一九九〇年の「1・57ショック」にある。「1・57を考える研究会」は、この問題を考えるべく一九九一年に発足し、一九九二年と一九九三年にアンケート調査を実施して、その結果を取りまとめた。ここではその報告書『仕事と子育て――いきいき過ごすには』(一九九四年)に依拠しながら、ヒーブ会員が直面した両立の課題と、ヒーブがそれをどう認識していたのかを確認する。

あらかじめ大きな時代背景を確認するため、戦後日本の保育史を概観しておくと、幼保二元体制の枠組みのもと、「保育に欠ける」子の施設とされた保育所は、母親の就労支援という位置づけが弱いままに整備が遅れたため、[1]一九五〇年代半ばから共同保育の実践と保育所づくり運動が広がっていった。[2]たとえば、一九五四年に結成された「働く母の会」では、働く母親が子どもを預けられる施設がそもそもないという状況から出発し、私宅を転々としつつ共同保育の実践を積み重ねていった。[3]「働く母の会」の担い手は、事務職・専門職に就く高学歴女性で、仕事にやりがいをもち、働き続けたいという意志を強くもつ女性たちであった。「働く母の会」は、行政に対する保育所設置要求の運動も支援し、その実現につなぐ役割を果たしていた。地域差が大きいことに留意しなくてはいけないが、[4]全国の保育所数は、一九五〇年に二九七一カ所だったところから、一九八〇年の時点では二万二〇三六カ所を数えるに至っている。

それに対して、本章で扱う「1・57を考える研究会」の調査報告書は、主として一九八〇年代における経験を明らかにしたもので、保育史からみれば、保育所の設置が一定の進展をみせた後の段階にあった。男女雇用機会均等法は一九八六年、育児休業法は一九九二年にそれぞれ施行され、両立支援策が整い始めた時代から、育休制度利用の第一世代が出てこようかとする時代にさしかかっていた。調査報告書のなかでも、施設・制度の不在という段階の問題よりも、両立のための具体的な課題が多く取り上げられている。

他方で、1・57ショックをめぐる社会的な論調は、少子化を国家や社会の危機として位置づけながら、「女性の社会進出」が少子化の主たる原因の一つだと説く方向へ向かっていったため、[5]就労女性にとって強いプレッシャーとなっていた。先にみた「働く母の会」は、一九五〇年代半ばから「両立なんて贅沢だ」という周囲の批判と闘い続けることを余儀なくされたが、1・57ショックをめぐる「少子化はキャリア女性のせい」といわんばかりの論調は、働き続けようとする高学歴女性を新たな装いのもとに追い詰めるものだった。

以上を念頭に置きつつ、さっそくみていくことにしたい。

1 「1・57を考える研究会」の問題意識

日本ヒーブ協議会の自主研究会「1・57を考える研究会」は、一九九一年に設立された。「子供を生む性である女性が働き続けるには」というテーマで、ヒーブの視点から出生率の低下を考えることを課題とした。一九九二年に会員を対象とした第一回アンケート調査を、一九九三年に会員とその周辺の働く女性を対象とした第二回アンケート調査をそれぞれ実施し、一九九四年に『仕事と子育て――いきいき過ごすには』という報告書をまとめた。[*6]

報告書に記載されている研究会メンバーは、東希美子（リコー）、市毛順子（紀文食品）、伊藤憲子（商品情報センター）、江波戸志保（フジテレビ商品研究所）、大崎裕紀子（ライオン）、北沢邦子（和光堂）、小柳雅子（日立家電）、品川由紀子（花王）、中塩みあき（ソニー）、中島薫（凸版印刷）、余湖輝子（資生堂）という構成で、さらに「旧会員」として、山本広子（元・日本タッパウエアー）、安東良子（住友海上火災）、鈴木あけみ（コンビ）の三人が併記されている。

報告書の説明によれば、研究会の問題関心は、ワーキングマザーの増加と出生率の低下との関係をどう捉えるかという点にあった。すなわち、ワーキングマザーの現状は、「男性中心の労働環境下で「男性のキャリアパターンに合わせて働く」事が求められ、家庭においては「無給で家事、育児、介護の責任」を担っている」状況にあり、「この1―2年の経済不況の下では、新卒女子の就職は困難を極め、ワーキングマザーへの風当たりも強まってき」た。こうしたなかで出生率の低下が続いているが、その原因は「未婚率や晩婚率の増加、育児支援システムの不備・住宅事情の悪化・育児費用の増大・教育への偏向等と言うよりむしろ、ワーキングマザーと彼女たちを取り巻く人々との意識のずれから生じる日々の葛藤の中に隠れている」として、「意識のずれ」や「葛藤」に注目する。そして、「これまでに出された数多くの報告の中からは真の女性たちの声が聞こえてきていない」ため、研究会として独自に調査を行ったというのである。[*7]

このように、研究会では、施設・制度の不備ということではなく、本人と周囲との意識のズレから生じる「日々の葛藤」のなかに原因を探ろうとし、そのために「真の女性たちの声」をすくいあげる調査を行うこととなった。以下では、なぜ「これまでに出された数多くの報告」に飽き足らないのかという問いも念頭に置きつつ、第一回アンケート調査の概要をみていくことにしたい。

一九九二年に実施された第一回アンケート調査は、日本ヒーブ協議会会員を対象に行われ、二九二名からの有効回答を得た（回収率七一・九％）。調査は「子供や子育てに関するヒーブ達の意識」を探る目的で行われ、調査結果からは、ヒーブのワーキングマザーが仕事も子育ても前向きかつ積極的に取り組む姿が浮き彫りにされた。回答者のうち子どもがいるワーキングマザーは二二・六％（六六人）で、会員全体では子どものいない者のほうが多かった。**表5―1**によれば、この調査時におけるワーキングマザーの平均年齢は三九・二歳で、第一子出産年齢は平均二八・八歳であった。平均でみれば、会員の初産は調査時点から一〇年前の経験で、一九八〇年代初頭という時期のことであった。

調査では、仕事と出産との関係について、第一子を会社などに勤めながら出産したという者が八四・八％を占めており、第一子出産時の勤続年数は平均六・六年であった。より細かく第一子出産時の勤続年数の分布をみると、一―三年が一八・二％、四―六年が三一・八％、七年―九年が二二・七％、一〇年以上が一三・六％となっている。出産後職場に復帰した時期については、産休後にすぐ復帰した者が六割近くに上り、育児休業制度が普及する前の出産が多かったことを物語っている。実際に、育児休暇を取得した者の割合は二三％弱で、その大部分が三四歳以下の相対的に若い会員であった。なお、日本ヒーブ協議会による一九八八年の会員調査では、育児休業制度が「社則としてある」と答えた会員の割合は一六％であったが、[*8] 一九九三年の会員調査では、育児休業制度があると答えた会員の割合が八三・五％に上っており、一九九二年からの育児休業法施行が大きな画期となっていたことがうかがえよう。[*9]

		第1回調査（1992年10月）＊会員のみ		第2回調査（1993年9月）＊非会員含む	
		人数	構成比	人数	構成比
調査時点	20-24歳	—	—	—	0.0%
	25-29歳	2	3.0%	4	4.0%
	30-34歳	12	18.2%	33	35.0%
	35-39歳	18	27.3%	35	38.0%
	40-44歳	12	18.2%	14	15.0%
	45-49歳	6	9.1%	4	4.0%
	50-54歳	3	4.5%	3	3.0%
	55歳以上	2	3.0%	—	—
	不明	11	16.7%	6	6.0%
	計	66	100.0%	93	100.0%
第1子出産	20-24歳	6	9.0%	3	3.0%
	25-29歳	35	53.0%	47	51.0%
	30-34歳	23	34.5%	37	40.0%
	35歳以上	2	3.5%	6	6.0%
	計	66	100.0%	93	100.0%

表5—1　調査時および第1子出産時の年齢
（出所）1.57を考える研究会編『仕事と子育て——いきいき過ごすには』日本ヒーブ協議会、1994年により作成。
（註）第2回調査の調査時年齢は人数・構成比とも計算が合わないがそのままとした。

第一回アンケート調査のなかでは、理想の就業形態に関する質問も行われた。「1．結婚したら仕事を辞める」「2．子供ができたら仕事を辞める」「3．子供ができてもそのまま仕事を続ける」「4．出産後育児休暇を取り復帰する」「5．出産のため仕事を中断し、子供が（　）歳で再就職する」「6．子供を持たずに仕事を続ける」「7．その他」のうちから一つを選択する形式で、子どものいない会員も含めた全体の結果は、「1．」「2．」が全体の一割であったのに対して、「3．」が二五・三％、「4．」が三六・三％と、同一企業での就業継続を希望する声が多かった。ただし、「3．」「4．」の比重には、実際の子どもの有無で大きな違いがあり、子どものいる会員のなかでは合わせて八六・三％であったのに対して、子どものいない会員では計五四・五%にとどまっていた。

子どもの存在価値についての質問は、各項目「そう思う」「思わない」を選択するという回答形式で、「思う」の割合をみると、「1．人間として自然なこと（種の保存）」が六五・四%、「2．社会に必要」が四〇%台後半、「3．家族の結びつき（絆）を強める」が七四・〇%、「4．家の存続」が二〇・五%、「5．自分の作品」が一八・五%、「6．老後の経済的支え」が三・八%、「7．老後の精神的支え」が四六・六%、「8．社会的認定」が二〇%台前半、「9．親（自分）の成長を促す」が八九・九・〇%、「10．幸せの象徴」が三〇%台前半という結果であった。「思う」の上位3つは「9．」「3．」「1．」で、下位3つは「6．」「5．」「4．」となっているが、実際に子どものいる人は子どものいない人に比べて「9．」「3．」「1．」がいずれも相対的に高く、「6．」「5．」「4．」がいずれも相対的に低い値を示していた。ここでも実際の子どもの有無でギャップが認められる。

単純な比較はできないが、総務庁「児童の実態等に関する国際比較調査」（一九七九年）によれば、[*10]「あなたにとって子供を生み、育てるということはどのような意味を持っていますか（3つ選択可）」という質問に対する回答は、多い順に、「次の社会をになう世代をつくる」が六一・七%、「家族の結びつきを深める」が五〇・七%、「自分の生命を伝える」が四二・四%、「出産・育児によって自分が成長する」が三八・二%、「子供を育てるのは楽しい」が二〇・六%、「家の存続のため」が一九・三%、「子供をもってはじめて社会的に認められる」が一九・二%、「自分の志をついでくれる後継者をつくる」が一八・七%、「老後の面倒をみてもらう」が一一・六%、「子供は働き手として必要である」が四・九%という結果であった。

これに比べれば、ヒーブは「親（自分）の成長」に子供・子育ての価値を置く一方で、「次の社会をになう世代をつくる」「社会に必要」といった、社会的な意味づけをめぐる価値にそれほど重きを置かないところに特徴があった。子供を産み、育てるのは社会のためではなく、自分のためなのだというヒーブの声は、1・57ショックをめぐる論調のなかで、少子化を国や社会の問題として捉える「建前」を相対化する「真の女性たちの声」だったと位置づけられよう。

育児についてのイメージに関する質問でも、各項目「思う」「どちらでもない」「思わない」で答える形式のなかで「思う」の割合をみると、マイナスイメージに該当する五つの項目では、「肉体的に負担が大きい」が八八・〇%、「経済的に負担が大きい」が七八・八%、「精神的に負担が大きい」が六九・九%の順に高く、「社会と隔絶される」「社会的に評価されない労働」が相対的に低かった。プラスイメージに該当する五つの項目では、「親（自分）が成長する」が八九・〇%、「新しいネットワークができる」が七九・一%、「生活に張りができる」が七四・〇%の順に高く、「幸せの象徴」「生きがいである」が相対的に低かった。ここでも実際の子どもの有無によって差があり、子どものいる人は子どものいない人よりも、「肉体的に負担が大きい」、「精神的に負担が大きい」というマイナスイメージの「そう思う」割合が低く、「親（自分）が成長する」、「新しいネットワークができる」、「生活に張りができる」というプラスイメージの「そう思う」割合が高かった。こうして、子どものいる人のほうが育児にプラスのイメージをより強くもっていたことが浮き彫りにされている。

「1・57を考える研究会」は、以上にみた第一回アンケート調査の結果から、特に実際の子どもの有無によるイメージのギャップに注目した。子どものいない人のほうが負担のマイナスイメージを強く感じる一方で、プラスイメージは子どものいる人のほうが強くもち、しかも「親（自分）が成長する」「ネットワークができる」「生活に張りができる」というように、何よりも自分自身のためになると捉えていた。出産後の職場復帰についても、実際に子どものいる人のほうが「出産後早く職場に復帰したい」、「出産後も同じ企業で働きたい」という意識を強くもっており、仕事にも前向きな気持ちをもっていた。ここから研究会は、「総じて子供のいる人の方が、「子供」に対しても「育児」に対してもプラスのイメージをより強くもっており、就業意識も高い傾向にある」という結論を引き出している。[*11] 研究会としては、そうした子供の有無によるギャップは、ワーキングマザーの真の声が聞こえてこなかったことによるところが大きいのではないかと捉え、以下にみる第二回アンケート調査を実施した。

第二回アンケート調査は、一九九三年に実施された。対象は「第1回アンケート調査回答者のうちのワーキングマザー全員、及びその周辺のワーキングマザー」で、仕事と子育ての両立に関する悩みと解決策、仕事観・女性観などを自由記述で記入する形式がとられた。調査票を配布したのは一六七人で、そのうち有効回答を得られたのは九三人（回収率五六・二%）であった。第一回アンケート回答者のうち子どもがいる者が六六人であったから、調査票配布対象者のうち、ヒーブ会員は三九・五％を占める。有効回答に占める割合は不明だが、ヒーブ会員が全員回答していたとみれば、およそ七割にあたる。いずれにしても、第一回調査と異なり、ヒーブ会員以外を含む点には注意しておかねばならない。

前掲表5―1によれば、第二回調査の回答者は第一回に比べて、調査時年齢がやや低く、第一子出産年齢は二五―三四歳に集中していた。第一子年齢は、妊娠中が二・二％、〇歳が五・四％、一―三歳が二九・〇％、四―六歳が一九・四％、七―九歳が一六・一％、一〇―一二歳が八・六％、一三―一五歳が六・五％、一六―一八歳が八・六％、一九―二六歳が二・二％、その他不明という分布である。子どもの人数は、一人が六四・六％と最多で、二人が三一・二％と続き、三人が四・三％、妊娠中が二・二％、その他不明となっている。

調査項目は、出産・育児の時期別に「悩み」「対策」「結果」を自由記述するという形式を中心に、仕事と育児の両立のために実行した項目（選択式）や、夫の言葉や行動、会社の育児支援制度、二人以上の子供をもつ特有の悩み・喜びなどにも及んだ。こうした自由記述の分量が多い調査設計であったことが、先にみた回収率の低さにつながっていたとみられる。逆にいえば、ヒーブ会員であれば、協議会の取り組みであることをよく理解して熱心に記入したものと思われる。

調査の結果は、『仕事と子育て――いきいき過ごすには』というタイトルを付した報告書として一九九四年にまとめられた。以下、これに即して結果をみていくが、報告書には、仕事・職場、保育・学童、家族・家庭、健康・不安をめぐる悩みとその解決策が列挙され、その内容を虚心坦懐にみる限り、相当に過酷な現実が浮かび上がり、解決策とされるものにも容易に真似できないものが多く含まれていた。それでも報告書は結果を次のように前向きに捉え、これから両立に向かおうとする女性たちを励まそうとする。*12

どの人も程度の差こそあれ「子供がいなければもっと仕事ができたのに」「自分だけだったらこんなに職場の人達に迷惑をかけずに済んだのに」「自分の自由時間が持てたのに」と子供のいない人を羨ましく思い、時には「私ばかり苦労して」「これは男女差別」と夫に当たってみたり、社会を嘆いてみたり、と悩みに悩んできた姿が浮かび上がってきました。そしてそれをその人なりに夫と子供との家族の関わりの中で解決法を見つけ出して仕事を続けているようです。／人によって働き方も生活の仕方も様々なのですが、「仕事」と「育児」が拮抗するのではなく、相補い、相加相乗しあってワーキングマザーの生き生きの素になっていることが分かりました。

ここにみられる「「仕事」と「育児」が拮抗するのではなく、相補い、相加相乗しあって」「生きの素に」なっているという捉え方は、ヒーブにとっての仕事とケアの連環、ヒーブらしさの真骨頂ともいえるものであろう。節を改めて、現実の過酷さと、葛藤を抱えながら前に進む「働く女性」たちの姿をみていくこととし、そのうえで、報告書が説く前向きな励ましの意味を考えていきたい。

2　仕事と職場をめぐる悩みと対策

表5―2は、仕事・職場に関する悩みをまとめたものである。これによれば、両立支援制度の不備に伴う悩みもあるが、仕事・立場・責任に関する悩みが多かったことがわかる。制度の有無とは別の問題として、職場や上司の理解に関わる不安も大きかった。就業への意欲が高く、やりがいのある仕事に就き、能力を発揮して昇進意欲もある女性だからこそ、そうした不安に直面していたといえる。子どもの成長と自身のキャリア向上が重なるなかで、時期に応じて悩みも変化していった。休職前は引き継ぎへの不安があり、休職中は職場の情報が得られず、自身の立場にも心配が生じ、復職後は育児との両立をめぐる負担が重くなっていった。特に、自身が十分なパフォーマンスを発揮できず、会社や職場に迷惑をかけることへの不安や負い目が強く感じられる。以下、対策として紹介されているものを整理して紹介しておきたい。[*13]

まず育休制度の欠如や不備に関して、上司に相談して会社で初めて育休が認められたケースや、[*14]組合に働きかけて産休中に会社に育休制度を作ってもらったケースがある一方で、[*15]産休制度しか

時期	悩み	件数
① 妊娠から産休まで	引き継ぎの不安	8
	ハードな仕事・職場	7
	前例なし	5
	通勤ラッシュ	5
	会社の無理解	4
	会社の制度が不十分	4
	妊娠のタイミング	4
	上司の理解度が不安	2
	有害物質取扱・薬害の不安	2
	通勤時間が長い	2
	職場・仕事復帰の不安	2
	会社・職場に迷惑？	2
	少ない産休	1
	女子社員の無理解	1
	職場に相談相手なし	1
	怠け者と言われたくない	1
② 産休から1歳まで	職場での立場	9
	休職中の職場情報	7
	制度について	6
	職場環境・勤務状況	6
	復帰への不安	4
	休職中の気持ち	3
	通勤時間が長い	2
	復職後の制度	2
③ 1歳から3歳まで	仕事の制約	3
	休みがち	3
	会社に負い目	3
	残業・出張ができない	2
	異動	2
	仕事の内容	2
（続き）1歳から3歳まで	仕事が終わらない	2
	子供の病気による長期休暇取得に気遣い	1
	アフター5のコミュニケーションとれず	1
	2人の子供の病気時、満足に仕事できず	1
	正社員希望なのに契約社員	1
	就職活動時、子持でハンディ	1
	育児優先の罪悪感	1
	出張	1
	昇進による仕事増	1
	転勤	1
	短期間勤務中止の命令あり	1
	復職時の不安	1
	休職中のブランクが心配	1
	復職時の有給休暇	1
	時間がない	1
	忙しい仕事	1
	昇進の遅れ、配置転換の恐れ	1
	2人目の産休をとる前例なし	1
	上司の無理解	1
	理解ある上司の転勤	1
	夫婦で仕事の繁忙期が重なる	1
④ 3歳から小学校入学まで	時間がなく思いっきり仕事ができない	9
	出張が増え多忙に	3
	スタッフになり責任重く大変に	1
	先輩の無理解	1
	上司の無理解	1

表5—2　仕事・職場をめぐるワーキングマザーの悩み（1993年）
（出所）1.57を考える研究会編『仕事と子育て――いきいき過ごすには』日本ヒーブ協議会、1994年により作成。
（註）1993年9月に実施した自由記述式アンケート調査。調査対象167名、有効回答数93名（回収率56.2％）。

ない時期の例では、産後に有休を取得する形で対応したケースもあった。[16]その他の制度の不備については、育児時間の制度が使いにくいしくみであったため、育児時間のまとめ利用を上司に依頼し、上司を通じて会社の許可を得たケースがあった。[17]子どもが一歳以降には育児時短制度が適用されずに、保育園の送迎が困難となった例では、同僚とともに組合に育児時短延長の交渉を行っていた。[18]**表5―3**として、一九九三年時点におけるヒーブ会員所属企業の両立支援制度に関する実態を示したが、育児休業制度は整っている一方で、育児時短制度は相対的に整備が遅れていたことがわかる。総じて、上司・会社・組合への働きかけを通じて、制度の不備や使いにくさを改善していった姿がうかがえよう。

次に、職場や上司の無理解について、退職勧奨に対しては、理解ある上司を通じて会社と交渉したり、[19]経験者の友人に相談したり、[20]労働基準法通りの産休取得という形で乗り切ったり、[21]といった対応がみられた。一方で、理解ある上司が転勤してゼロからのやり直しを迫られたという例や、[22]上司の無理解を「気にしない」、「気にせずベストを尽くす」という回答もある。[23]周囲の女性社員の無理解も「気にしない」[24]、先輩の無理解には「マイペースで明るく」といったように、[25]「気にしない」という態度を貫く姿勢は複数の回答に共通してみられるものであった。

休職前の引き継ぎについては、早めに対策を講じる例がある一方で、[26]早めに引き継ぎが済んで産休前に仕事がなくなってしまうことも不安のタネになったが、「寂しいが気持ち切り替え」[27]、仕事は産後と思い込むよう努力していた。[28]休職中には、職場との関係や仕事のことが気になり、疎

	ある	ない	無回答	計
育児休業制度	83.5%	12.4%	4.0%	100.0%
育児時短制度	59.0%	33.8%	7.2%	100.0%
介護休暇制度	34.4%	58.1%	7.5%	100.0%
再雇用制度	40.8%	54.0%	5.2%	100.0%
フレックスタイム制度	64.2%	33.5%	2.3%	100.0%
在宅勤務制度	4.0%	89.9%	6.1%	100.0%

表5—3　ヒーブ会員所属企業の両立支援制度（1993年）
（出所）『ヒーブ白書——21世紀のライフデザイン』日本ヒーブ協議会、1993年、38頁により作成。
（註）日本ヒーブ協議会会員に対するアンケート調査の結果、有効回答346名。

外感や焦りも生まれるが、子連れで会社訪問をしたり、[*29] 会社や同僚に電話をして情報を得たり、[*30] 経済紙・業界紙に目を通したり、[*31] オフの時間で同僚とつきあいの機会を設けたり、[*32] といった対応が多くみられた。復職後の両立に伴う働き方の制約に関しては、休みがちになり、残業や出張ができなくなってしまったため、会社には負い目や罪悪感を感じていた。それに対しては、限られた時間内で精一杯のこととする、[*33] 休憩時間も頑張る、[*34] 仕事を持ち帰る、[*35] といった対応をとる例がある一方で、諦める、[*36] 対策なし、[*37] 子育て優先と割り切る、[*38] といった回答が並んだ。仕事の内容が補助的になったり、[*39] 昇進の遅れや配置転換の恐れを感じるというキャリアへの不安には、[*40] 割り切るか残業するかのどちらかでしのいでいた。

総じて、休むことや仕事が十分にできないことへの不安が強く、特に復職後の両立においては、休職前と同じ働き方ができないもどかしさが感じられ、いわゆる「マミートラック」に乗せられてしまう不安とも常に背中合わせとなっていた。しかたがない、育児優先でやむなし、という諦念に追い込まれてしまう厳しさは、子育てと仕事の両立が、働く女性の主体的な努力だけではどうにもできない状況にあったことを物語っている。

3　保育所をめぐる悩みと対策

保育所・学童保育をめぐる悩みについては、**表5―4**にまとめた通りである。総じて保育のニーズが十分に満たされないことが悩みのタネになっていた。具体的には、保育所が近くにない、入れない、預かってもらえないといった悩みや、時間の制約、内容や質への不安・疑問、預けることへの自身や周囲の抵抗感などがみられ、入園後の子どもの病気による呼び出しも多かった。小学校入学以降は学童保育を利用することになるが、そこでもニーズが十分に満たされない様子がうかがえる。

以下、ここでも対策とされているものを具体的に紹介しておきたい。

まず、保育所探しの段階では、出産前に入所の確約が得られないという悩みが多かった。これに対しては、土曜日に市役所へ通って印象づけたという例もあったが、*41市役所福祉事務所から「産まれるまでは何もできない」との返答を受けた例をはじめとして、*42「産まれてから」とあきらめたり、*43なければ育児休暇と割り切ったり、*44区立に断られて絶望と焦りのなかで出産したり、*45といったように、保育所の当てがないまま出産せざるをえなかった。近所に保育所がない、〇歳児

時期	悩み	件数
① 妊娠から産休まで	出産前の保育園探し	5
	産休明け（0歳児）保育なし	5
	将来の送迎時間確保	4
	適当な園なし	4
	近所に保育園なし	3
	0歳児枠少数	1
	1歳児枠少数	1
	保育園に抵抗感	1
	第2子出産、二重保育者みつからず	1
② 産休から1歳まで	保育園満員	9
	保育園生活	4
	途中入園（難しい）	3
	途中入園（無理）	3
	保育園探し	3
	預けることへの抵抗感	3
	無認可に抵抗感	2
	公立の保育時間合わず	1
	市役所要領得ず	1
	入園決まるかどうか不安	1
	地域柄保育園不備	1
	送迎困難	1
③ 1歳から3歳まで	生活の変化で病気→呼び出し	12
	延長保育なし	4
	保育園へあずけることへの非難	3
	泣く子に白い目	2

時期	悩み	件数
（続き）1歳から3歳まで	送迎困難	2
	保育料が高い	1
	慣らし保育	1
	対象年齢外で預かってもらえない	1
	保育を断られた	1
	保育条件が悪い	1
	どなる保育士	1
	登園拒否	1
④ 3歳から小学校入学まで	保育園から学童保育へ	6
	迎えの時間に間に合わず	5
	保育園で泣いて離れない	2
	保育園をさぼることが少し悩み	1
	環境（自然が少ない）に不安	1
	保育園の行事参加	1
	PTAの行事が多い	1
	保育内容に疑問	1
	子供の意志・要求	1
	第2子育児休職中（第1子の通園拒否）	1
	外国の保育園に入園	1
	入園が遅く慣れるまで大変	1
⑤ 小学校入学以降	学校行事	4
	学童保育が遠い	3
	学童保育に入れない	2
	学童保育5時まで	1
	学童保育の情報不足	1

表5－4　保育所・学童保育所をめぐるワーキングマザーの悩み（1993年）

（出所）1.57を考える研究会編『仕事と子育て――いきいき過ごすには』日本ヒーブ協議会、1994年により作成。

（註）1993年9月に実施した自由記述式アンケート調査。調査対象167名、有効回答数93名（回収率56.2%）。

保育がない、満員で入所できない、といった問題に対しては、自身の同居の母[*46]、実家の母[*47]、実母[*48]、妹[*49]、伯母[*50]などに面倒をみてもらう形で乗り切った例が多い。しかたなく無認可の保育所に入れたケース[*51]や、ベビールームを利用したケース[*52]、友人の知人に二重保育を頼んだケースのほか[*53]、保育所定員に空きのある地域へ引っ越したケースもみられる[*54]。

次に、入所後の保育時間や送迎の問題に関してみると、出産前から親の協力を得るために、義父母を説得して同居するためにマンションを購入した例や[*55]、両親のほうから近くに転居してもらった例[*56]、自らが実家の近くに転居した例があった[*57]。送迎の困難、迎えの時間に間に合わない、延長保育がないといった入所後の問題には、実母や親類のバックアップを得たケースや[*58]、実父に送りを頼んで迎えは夫が勤務時間を変更して対応したケースのように[*59]、家族の協力を得た場合もあったが、迎えを他人に頼んだり[*60]、二重保育を利用したり[*61]、引っ越して対応したりといった例もみられた[*62]。他方で、働き方のほうを保育時間に合わせる形で、会社の協力と理解を得たり[*63]、フレックスタイム制を利用したり[*64]、育児時短を組合に交渉したりする例もあった[*65]。

子どもを預けることへの抵抗感は、主として保育の質に対する不安に起因していた。これに対しては、数カ所の保育所を見学して認識を改めるケース[*66]、「無認可」というのは行政基準にすぎないと納得したケースがあり[*67]、見学や慣らし保育を通じて保育士とコミュニケーションを深めるうちに安心を得ていった事例もみられた[*68]。他方、周囲から保育所へ子どもを預けることを非難されたことに対しては、無視するという対応や[*69]、「保育園は子供にとって最良の所」という信念を貫くという対応がみられ、[70] 自身が納得して子どもを預けているという態度が貫かれていた。

以上みてきたように、対策とされているもののなかには、転居による状況の打開や、親・親類の深い関与を前提とするものなど、総じてかなりの無理を伴う例が目立っている。育児の社会化に限界があり、家族の負担が重いなかで、なかなか思うように仕事ができないという悩みは深かった。一方で、いわゆる「三歳児神話」をめぐる母としての葛藤は希薄であった。保育所の見学や保育士とのコミュニケーションを通じて、保育所に子どもを預けることを自らの目と頭で納得し、周囲にもそうした態度を貫いていた姿が印象的である。

4　家族と家庭をめぐる悩みと対策

表5―5は、家族・家庭をめぐる悩みをまとめたものである。一見して、夫や親（実母・義母）の反対や非協力的態度に関わる悩みが多くを占めていたことがうかがえよう。理解や協力を得ていても、夫の多忙や親への負担を気遣うがゆえの悩みも深く、家族や家庭の問題は、働く女性にとって大きなストレスをもたらすものとなっていた。調査対象者の家族形態は、夫婦と子どものみが五九％、親族に近居が二二％、親族と同居が一九％という内訳で、家事・育児の主たる協力者については、夫が四八％、親族が四〇％、その他が一二％という回答の分布であった。保育所

に関してみたように、親族からも多くの協力を得ていたことがわかる。ここでは夫との関係と、親との関係について、具体的に確認しておくことにしたい。

まず、夫との関係については、出産後も仕事を続けることに正面から反対されるケースが少なくなかった。夫の言い分は、女性は当然家に入るべきだという考え、子どもは不要だから協力しないという態度、子どもは大事だから仕事を続けるのは反対、といった内容に分かれるが、こうした反対に対しては、話し合ってできる範囲でやるということで納得を得たケースや、[*71]話し合って夫から多大な協力を得たケース、[*72]義母の育児協力を得る形で解決したケースがあった一方で、[*73]自分一人でも頑張ると主張して仕事を続けた事例は複数みられた。[*74]

明確な反対を受けていなくても、夫から家事・育児への協力を得られないという悩みは多く、そもそも夫が家事・育児に無関心であったり、家事経験がなかったり、非協力的な態度を示したり、といった状況がみられた。[*75]それに対しては、出産や育児の話を頻繁にするようにしたり、[*76]話し合いで家事分担を決めたり、[*76]夫に育児への関心や協力をもってもらうよう仕向けたり、[*77]といった努力が傾けられていた一方で、自分一人でやるしかないと抱え込んだり、[*78]双方の母に頼んで負担してもらったり、[*79]というように夫の協力を諦めざるをえない場合も少なくなかった。理解の有無にかかわらず、夫が多忙であるがゆえに協力を期待できない場合も多く、特に深夜・早朝の帰宅、海外赴任・単身赴任といったケースでは、実母や義母の協力を得て対応していた。[*80]

夫の協力を得ている場合でも、夫の肉体的・精神的疲労や苛立ちに直面し、夫婦のいさかいが

時期	悩み	件数
① 妊娠から産休まで	夫の反対	7
	将来の育児協力者	6
	家族の反対	6
	狭い家	4
	実家が遠方・相談相手なし	4
	夫の家事・育児への協力得られず	4
	夫が多忙	2
	夫の収入なし	1
	夫の苛々	1
② 産休から1歳まで	家事時間が長く超多忙	3
	夫の反対	2
	夫多忙	2
	義母の反対	2
	計画通りに家事進まずイライラ	1
	夫の暴言	1
	夫が育児疲れ	1
	夫の精神的肉体的疲労	1
	けんか	1
	夫婦イライラ	1
	夫との意識にギャップ	1
	夫非協力的	1
	夫の協力期待薄	1
	夫は手伝い気分	1
	夫別居（週末のみ来る）	1
	里帰り出産で夫婦に溝	1
	里帰りで夫のことが心配	1
（続き）産休から1歳まで	核家族	1
	実の親との同居による不和	1
	義父母に負担	1
	実母に負担	1
	親との行事つきあい	1
	夫の退職で金銭的不安	1
③ 1歳から3歳まで	核家族	5
	夫が非協力的	3
	母とのしつけの違い	3
	夫の転勤（単身赴任）	2
	母や姑が仕事に反対	2
	夕食の支度が大変	1
	夫が超多忙	1
	夫が育児・家事疲れ	1
	両親の育児疲れ	1
	親の病気・事故	1
	義母への感謝	1
	生活にゆとりがない	1
④ 3歳から小学校入学まで	夫	5
	両親	5
	家が狭い	1
	時間がない	1
⑤ 小学校入学以降	家事ができない	1
	食事がかたよる	1
	出費大きい	1
	住まい雑然	1

表5－5　家族・家庭をめぐるワーキングマザーの悩み（1993年）

（出所）1.57を考える研究会編『仕事と子育て――いきいき過ごすには』日本ヒーブ協議会、1994年により作成。

（註）1993年9月に実施した自由記述式アンケート調査。調査対象167名、有効回答数93名（回収率56.2%）。

起こっていた。そこでは、保育所を利用することに切り替える、[*81] 感謝の意を伝えて自分の家事分担を増やす、[*82] 夫用の食事を改善する、[*83] 話し合って理解を深める、[*84] 抗議して暴言をやめさせる、[*85] 家族で海外旅行に行ってストレスを解消する、[*86] 友人と気晴らしにでかける、[*87] といった対応がみられた。

一方、親との関係においても、出産後も仕事を続けることに正面から反対されるケースが多くみられた。具体的には、姑の反対、実母・義母ともに反対、実家の反対、「常識外れの嫁」、[*88] 周囲の皆が反対、「前例がない」、[*89] というようにさまざまであったが、それに対しては、気にしない、気にしないよう嘘をついて仕事を続ける、仕事への熱意を説明して話し合う、夫を説得して他は気にしない、あきれるまで決心を伝え続ける、[*92] といった対応がみられ、自分の意志を貫き通す態度が示されていた。協力を得ているケースでは、親の負担を気遣う例が多く、自身が家事をより多く負担してサポートすることで、親の負担を少しでも軽くしようとする例がみられた。[*93] また、親が病気や事故のために協力できなくなるケースもあり、その場合には、夫婦の負担で乗り切ったり、[*94] 自身が休職を余儀なくされたりすることになった。[*95]

以上みたように、家族や家庭の悩みは、夫や親の理解や協力を十分に得られないことに集約され、自分で家事・育児を抱え込む状況に追い込まれる場合が少なくなかった。協力が得られる場合でも負担への気遣いがあり、夫は海外赴任や単身赴任、親は病気や事故でそれぞれ頼れなくなることも珍しくなかった。夫や親とは話し合い、ケンカもしながら、ときに苛立ちをぶつけ合い、説得したり無視したりと、さまざまな形で向き合いながら、重い負担をどうにかやり過ごそうとしていた。詳細な比較検討は今後の課題であるが、一九七〇年代までの「働く母の会」や保育所づくり運動では、夫の積極的な協力がみられたことに特徴があったから[*96]、ここでの調査結果は、そうした条件を欠いた厳しい現実があったことを物語っている。

そのことは、**表5―6**にまとめたように、女性自身の健康上の悩みやストレス・不安となって表れていたと考えられる。不調、不安、疲弊、孤独、孤立、子どもの心配など、産前・産後の心身にかかるストレスは大きく、子育てのなかでも、子どもの成長段階に応じたそれぞれの悩みは尽きなかった。

5　働く母親への「応援歌」

このように、アンケートの回答からは、仕事・職場、保育所、家族・家庭のそれぞれに両立を困難にする過酷な現実があったことが浮かび上がり、対策として紹介されている例からも、相当な無理を強いられていたことが浮き彫りになる。先述したように、この第二回アンケート調査は、ヒーブ会員とその周辺のワーキングマザーを対象としたもので、ヒーブ会員以外の経験が多く含まれる点に注意が必要だが、回答のなかで、ヒーブであることが他と区別される特別な状況にあった形跡はうかがえない。ケアを担う女性であるからこそ企業で活躍できる、というヒーブらしさは、出産や育児の経験がよりよい仕事につながることを意味するはずであるのに、職場においても家族との関係においても、ヒーブがヒーブであるという理由で特段のサポートを得られていた形跡はみられないのである。

他方、メディアはこの報告書を明るい基調で報じた。たとえば、『日本経済新聞』は、「働く母親への時期別〝応援歌〟」という見出しのもと、「女性たちが仕事に子育てにいかに頑張っているか、ひしひしと伝わってくる内容だ」と記事を結ぶ。[*97]『朝日新聞』では、「フルタイムで働く母親たちの生の声を拾っており、子育て中の女性や出産を考えている予備軍を勇気づけるアドバイス集にもなっている」と紹介する。[*98]それは何よりも、報告書自体のまとめ方が、明るく前向きな励ましに満ちているからである。現在の目からみて、虚心坦懐にアンケート調査の結果だけをみれば、「応援歌」として受けとめることは難しい。にもかかわらず、というよりも、それゆえに、「1・57を考える研究会」はそうした声を「応援歌」たるものにとらえ返していったのである。

それは、研究会メンバー自身が抱える不安や迷いの表れでもあった。報告書の末尾には「あとがきにかえて」として、メンバーの一言コメントが収録されている。[*99]ここでは二人のコメントを紹介しておきたい。

一人目は、紀文食品の市毛順子によるものである。

時期	悩み	件数
① 妊娠から産休まで	切迫流産・早産	6
	つわり	2
	通勤時に貧血	2
	体がつらい	2
	平日の母親学級出席できず	2
	田舎で道が悪い	1
	近所づきあいなし	1
	田舎暮らしで因習的考え	1
	育児知識の不足	1
	夜間大学院との両立	1
② 産休から1歳まで	マタニティブルー	19
	両立の不安	7
	育児	5
	両立の疲れ	4
	近所づきあい	4
	相談相手なし	3
	疲れが重なる	2
	子供と一緒にいる幸せ	2
	仕事をしたいストレス	1
	育児不安で切迫流産	1
	毎日同じことの繰り返しに焦り	1
	悩みなし・あせりなし	1
	知り合いなく孤独感	1
	お母さん同士の会話機会なし	1
	育休中のヒーブの継続	1
	アメリカ在住で日本の情報不足	1
③ 1歳から3歳まで	子供の病気	15
	自分の病気	3
	反抗期で大泣き	2
	子供に負い目	2
(続き) 1歳から3歳まで	遠距離、交通不便で時間ロス	1
	イライラ	1
	仕事も育児も中途半端	1
	夜泣きによる睡眠不足	1
	子供の生活が昼夜逆転	1
	子供が育てられない寂しさ	1
	子供が気になり自問自答	1
	第2子誕生による第1子への影響	1
	予防接種・定期検診が平日	1
	親しい人がいない	1
	友人に会えない	1
	預ける不安	1
	母乳育児	1
	遊んでほしいと泣く	1
	子供の夜泣き、発育が遅い	1
④ 3歳から小学校入学まで	子供の要求	4
	入学前の教育	3
	子供の病気	2
	やりたいことが思い通りにならない	1
	保育園以外の近所に友人ができない	1
	第2子出産前体調崩し入院	1
	精神的葛藤	1
	子供と一緒にいる時間が少ない	1
	帰宅が遅く子供が情緒不安定に	1
	学童を控え早く自立を	1
⑤ 小学校入学以降	子供1人留守番の不安	11
	子供との接触時間少ない	3
	生活時間	2
	子供の教育・しつけ	2
	親留守中の子供の生活態度	1

表5—6　ワーキングマザーの健康上の悩みとストレス・不安（1993年）

（出所）1.57を考える研究会編『仕事と子育て――いきいき過ごすには』日本ヒーブ協議会、1994年により作成。

（註）1993年9月に実施した自由記述式アンケート調査。調査対象167名、有効回答数93名（回収率56.2%）。

「結婚」が仕事を継続する上で障害となることはかなり減ってきた現在も、「妊娠・子育て」は、女性の仕事を中断させるのに充分な理由としてあげられます。社会の目はまだまだ子供を母親が手元で育てることを望んでいます。それゆえ、母親自身の悩みも深く、子供を預けるということは、自分の仕事の為に子供を犠牲にすることなのか、両方を望むことは自分のわがままにすぎないのか、子供自身にとって本当に良くないことなのか、等々、多くの女性達がこの段階で仕事をやめてゆきます。／さて、私自身今まさにこの迷いの中で、ひとまず仕事を続ける方向を選択しようとしています。多くの励ましと、批判の中、まだ迷いを残したままで。両方を選択することが私の人生、仕事を続けて良かった、と心から思える日がきてくれるのをひたすら願うばかりです。

二人目は、凸版印刷の中島薫によるものである。

率直に言って、子供を持つことに積極的ではありませんでした。あらゆる生活のゆとりを失いたくなかったし、仕事と子育ての2本立てがホントに自分にできるのか不安だったのです。友人・先輩・同僚を見渡しても例がありませんし…（これが多くの職場の実情）。「無関係なことではないな」くらいの軽い気持ちから研究会に入り、はじめて実体験者の多くの意見に触れました。その影響は大きかったです。「私もやってみよう」―この勇気がその後決意となり…そして今、私も「ワーキングマザー」予備軍です。

二人の言葉はそれぞれに、不安や迷いと前向きな希望が入り交じったものである。ではいったい、二人を含む「1・57を考える研究会」は、困難や葛藤とともにある子育て経験の声を、「応援歌」としてすくい上げることにどのような可能性をみたのだろうか。以下、調査結果を受けた報告書のまとめ方に注目しながら整理しておきたい。

まず、報告書では、状況は自分の手で変えられるということを、次のように強調する。*[100]

子育てママの先輩達の話を聞いてみて下さい。彼女たちは決して初めから、周囲の協力や応援を得ていたのではないのです。家族の説得、会社・上司の説得、体調の変化との闘い、納得できる保育園探し等々の問題を1つ1つ解決し、働き続ける環境を自らの手で整えているのです。

そのうえで、だからこそ、そのことは後に続く女性にも希望となるのだと説く。*[101]

普通の女性達がたくさんの悩みを抱え、それでも仕事を続けたいが為に数々の問題を乗り越え、やってきているからこそ私達は自分自身の身に置き換え「私にもできるかもしれない」という勇気を与えてくれるものと思います。その女性・家族にとっても、子供にとっても、その仕事を含めた環境の中で生きていくことこそが人生なので、ということを偏見のない目でとらえられる社会となることを願いたいものです。

ここには、女性が仕事を続けることは何も特別なことではない、という信念がある。実際に、報告書のなかで紹介されているワーキングマザーの声には、女性が働き続けることを「当たり前」だと捉えるものが少なくない。[*102]たとえば、金融業の消費者関連の職種に就き、一一歳と八歳の子をもつ三五歳の女性は、次のように語っている。

双方の母親が仕事をしながら子育てした人だったので、自然に私もワーキングマザーになっていた。保育園の時は近所の人に「かわいそう」と言われ、寂しい思いをさせたと感じたこともある。が、子供にきいてみると「べつにー」と全くそっけない。仕事をしている時も子供といる時も、どちらもとても充実し満足している。

業種や職種は不明だが、一二歳の子をもつ四三歳の女性の声も、次のような内容である。

私の両親は私が物心つく頃から働いておりましたので、両親と遊びに出かけた記憶もありませんが、親の愛情はしっかりと感じていました。親が一生懸命に働く姿や、家庭での姿を見せていれば子供は何かを感じてくれるものです。私はその為にも家族での話し合いを欠かさぬよう努力しています。

さらに、デザイナーの仕事に就き、五歳と三歳の子をもつ三五歳の女性も、次のように語る。

働くことも子育ても私にとっては当たり前で、どちらかを諦めることはできなかった。中途半端だがしかたないとも思う。時間がない分は質で勝負！ 私の母も働いていて、私自身寂しい思いをしたが自分を大切にした生き方を尊敬し、誇りに思う。子供にもそう思ってもらえるよう子供に母の働く理由を話すようにしている。

これらの声からは、自身の母親が働いていた記憶を呼び起こし、自分がそれを子どもとしてどう受けとめていたかを反芻し、それは決して後ろ向きなものではなかったという確信に至っていた様子がうかがえよう。

報告書はこうした声を大切にしながら、回答者の子どもたちにもインタビューを行い、「子供達のココロの内」として収録している。[*103] ここでは二人の女の子の声を紹介したい。

一人目は、高校二年の女の子によるものである。

自分の母親が働いているんだと初めて意識したのは小学校の時。友達の家ではお母さんがおやつを出してくれたり一緒に遊んだり、話したり…。ちょっとうらやましく思ったけど、そのうち裏の方で「友達が来たからといっておけいこ休んじゃダメ！」「もう充分遊んだでしょ、早く帰ってもらいなさい」とか、ごちゃごちゃ言われているのが聞こえてきた。私はずーっと1人で好きなことをしてこられて気楽でよかったと思った。〔…〕料理や洗濯をやらなくてはいけないときは「友達はお母さんがみんなやってくれるのに、嫌だな」と思ったけど、今は友達とキャンプに行ったときなんか私が皆に指示して、できない人にはお手本を示して、とってもいい気分。大学に入ったら1人暮らしするつもり。／私は結婚しても仕事を持ち続ける。「母が自分のことを犠牲にして私を育て教育したのだ」なんて思うことがあったらいたたまれないから。

二人目は中学一年の女の子によるものである。

母親が仕事をしていて寂しいと思ったことはない。おばあちゃん、おじいちゃんが家にいたから。困ったことといえば、忘れ物をした時くらい。0歳の時から通っていた保育園が共稼ぎの子供達ばかりだったので、みんな同じだと思っていた。小学校では学童保育に通っていたが、とても楽しかった。保育園の友達がみな学童へ行ったから、学童へは自分から行きたいと思った。自分が結婚して子供をもっても、わからないけど多分仕事をするだろうと思う。

報告書は、この二人の子ども世代の声も含めて、母子密着の弊害や過干渉の問題も視野に入れながら、総じて近代家族規範の相対化に向かっていた。いわゆる三歳児神話との葛藤が希薄であることは先にみた通りで、集団保育のメリットをごく自然に受け入れている様子もうかがえる。そして、特筆すべきことに、そこでは共働き経験の世代間継承という形で、「女性が働き続けることは当たり前」という労働文化がつかみ出されていた。おそらく序論でみたような女性就業の歴史には無自覚であったに違いないが、それでもたしかな経験としてつかみ出されていたのである。

加えて、報告書は、子どもの成長をみる喜び、子どもというかけがえのない存在を得る幸せを説きつつ、何よりも育児経験は自身の視野が広がるポジティブなものだということを強調する。たとえば、「保育園の情報収集からはじまり、手続き等地域の行政機関と接する機会が増え」ることは、「生活者を日常的に体験することで、生活感覚の視野が広がる」ことにつながる。「休職中の生活感覚は、復職後の仕事に生かせる重要な体験」なのだというのである。*104 さらに、「子供を持つことで、家族内の役割も増えて初めて、地域に目をむけた方が多いのが現実」だろうと説き、「同じ年齢の子供を持つお母さんや近隣の方々、地域の役所、公園、保育園、小児科医などのたくさんの貴重な出会いを経験し、新しいネットワークがどんどん広がる」ことを前向きに捉える[*105]。

こうして報告書は、働く女性の出産・子育て経験のなかに、家庭に閉じこもる専業主婦でもなく、会社に閉じこもる「会社人間」でもない、生活者としてのあるべき可能性をみていたのである。

報告書の「提言」では、一九九四年の国連総会決議における「国際家族年」のスローガンが、「家族からはじまる小さなデモクラシー」であることに触れ、次のように説いている[*106]。

私たちの調査に寄せられたワーキングマザー達の生の声からみても、何故このスローガンが掲げられたのかが伺《ママ》えます。家族の中にも地域の中にもまして企業・社会の中にデモクラシー（民主主義）の基本すら未だに育っていないからでしょう。ワーキングマザーが家庭生活と仕事のキャリアを積み重ねていく過程で、日々そのことを肌で感じ、社会の理想（建前）と現実（本音）との間で弄ばれて「板挟みの不幸感」を抱いているのです。それはまさに男女が未だに真に平等になり得ていない社会の中で、「家族を持つこと」と「就業」の二つの道を選んだからに他なりません。

そのうえで、「経済不況の折から、女性が男性に比べてやや多様な働き方をしていることに対して企業では再び冷たい視線を投げかけ始めてい」ることにも言及し、次のように「提言」をまとめている。

男女ともに多様な人生を歩むことを受容する、人に優しい社会システムと新しい価値観の確立を切望します。そうした社会が何れ実現するであろう確かな手ごたえを感じているからこそワーキングマザー達は様々なことに悩み苦しみながらも、仕事や子育てにいきいきと向かい合っているのです。

「1・57を考える研究会」は、仕事と子育てに「いきいきと」取り組む女性の姿のその先に、ケアとキャリアをめぐるジェンダー不平等が是正される社会を展望していたのである。

＊　＊　＊

以上、本章ではここまで、日本ヒーブ協議会の自主研究会「1・57を考える研究会」の取り組みをみてきた。「1・57を考える研究会」は、合計特殊出生率の低下を受けたいわゆる「1・57ショック」をきっかけとして、一九九一年に設立された。一九九二年に会員を対象とした第一回アンケート調査、一九九三年に会員とその周辺のワーキングマザーを対象とした第二回アンケート調査を実施し、一九九四年には『仕事と子育て――いきいき過ごすには』というタイトルの報告書として取りまとめた。

アンケートからは、出産・育児と就労継続の両立をめぐる本音ベースの現実が浮き彫りにされた。そこには、多くの困難や葛藤を抱えながらも、やりがいのある仕事を続けることに強い意志をもち、自身の主体的な努力を通して周りの環境も整えながら両立を果たしてきた女性たちの姿があった。ケアを担う女性だからこそ企業で活躍できる、というヒーブの自負は、子育て経験が生活経験として仕事にもプラスになるという形で、両立の困難に立ち向かう女性自身を励ますものであった。「1・57を考える研究会」は、そうしたアンケートの回答を通して、1・57をめぐる社会的な論調を相対化する視点を獲得し、出産や子育ては社会のためというよりも、まず何より女性自身のためであるという「真の女性たちの声」をすくい上げていったのである。

アンケートにみられる現実それ自体は、両立の実現がいかに過酷なものであったのかを物語っている。それ以前に比べれば、保育施設の整備は一定程度進んだ前提があり、もちろん不備は多かったが、周囲の協力を得ればたしかに両立が不可能ではない環境にはあった。しかし、出産・子育て経験がよりよい仕事にもつながるというヒーブらしさは、職場のなかでも家族との関係においても十分な理解を得られておらず、周囲の無理解や非協力に直面することも少なくなかった。そこでは、話し合いを通じて少しずつ理解を得られる場合もあったが、理解を得られないまま自身が多くの負担を抱え込む場合もあった。施設・制度の不備よりも、女性自身の意識や主体的努力に両立のカギをみいだそうとする報告書の基調は、相当な無理や困難を抱え込まざるをえない状況を前提として、それでもともかくも両立できている女性がいるのだ、というその一点に灯された希望の火を大きく照らし出そうとするものだった。

報告書は、両立に向かう女性たちのなかに、「女性が働き続けることは当たり前」という信念のようなものをみいだしていた。それは「働く母の会」が説くような労働権に紐付けられた権利としての発想ではなく、親世代の実体験に基づいた素朴な信念としかいいようのないものであったが、そこには共働き経験の世代間継承に裏打ちされた強さがあった。専業主婦家庭でなくても子どもはちゃんと育つのだということを、自身が子どもとして経験したのだから、自身の子どもにも伝えられるはずだ、という経験に裏打ちされた強さである。それは、子育てを家庭だけに閉じ込めず、あるいは子育てを担う女性を家庭だけに閉じ込めずに、母も子も地域や社会と関わり合いながら生きていこうとする、近代家族規範の限界を乗りこえようとする母子のあり方であった。[*107]

報告書は、夫である男性のケア参加も強く呼びかけていた。しかし、職務の無限定性のもとにある日本型雇用のなかで、男性はケア参加が難しい働き方を要求されていたことも浮き彫りになっていた。当然、そうした働き方は、日本型雇用のなかでメンバーシップを得ていた女性たちにも要求されていたが、それでも働く女性にとっての子育て経験は、自身が「会社人間」とならずに、地域社会とも関わり合いながら人間として成長できる機会だと受けとめられていた。こうして、女性自身にとっての幸福につながる「仕事と子育て」の両立を追い求めようとする動きのなかに、ポスト近代家族のありようと、新しい家族のパートナーシップが築く社会を模索する視点をみいだしながら、「1・57を考える研究会」は、男性中心の企業文化を脱却した新しい社会を作っていく未来を展望していたのである。

註

＊1　潤間嘉壽美「戦後保育行政における保育所観の形成――「保育に欠ける」規定の解釈の再検討から」『社会志林』六七巻三号、二〇二〇年。
＊2　和田悠「ジェンダー視点から戦後保育所づくり運動史を問う――1960年代の大阪府枚方市香里団地を事例に」『日本オーラル・ヒストリー研究』七号、二〇一一年。
＊3　働く母の会編『働きつつ育てつつ――保育所をつくった母たちの軌跡』ドメス出版、一九九〇年。
＊4　松島のり子「戦後日本における幼稚園・保育所の普及と統計にみる地域差――都道府県別経年変化・市町村別設置状況に着目して」『Proceedings――格差センシティブな人間発達科学の創成』一〇号、二〇一二年。
＊5　たとえば、『平成4年　国民生活白書』（経済企画庁、一九九二年）は「少子社会の到来、その影

響と対応」という副題のもと、「第I部　少子化と家族・子供」のなかに「第3章　女性の職場進出と家族の変容」を配している。

＊6　1・57を考える研究会編『仕事と子育て——いきいき過ごすには』日本ヒーブ協議会、一九九四年。

＊7　前掲『仕事と子育て』三頁。

＊8　『ヒーブ白書——豊かな明日に向かって』日本ヒーブ協議会、一九八八年、二七頁。

＊9　『ヒーブ白書——21世紀のライフデザイン　より良い社会のために働くヒーブ』日本ヒーブ協議会、一九九三年、三八頁。

＊10　ここでは、『平成4年　国民生活白書』経済企画庁、一九九二年、第五章第二節を参照した。

＊11　前掲『仕事と子育て』六頁。

＊12　前掲『仕事と子育て』八頁。

＊13　報告書のなかでは、回答者を識別できる番号が振られ、業種、担当職種、本人年齢、子供年齢が付記されている。そこで、以下で紹介する回答には、識別番号とそれらの情報を、No.〔業種／担当職種／本人年齢／子供年齢〕という形で注記することにした。

＊14　No.14〔マスコミ／編集／三五歳／六歳〕。

＊15　No.50〔企画調査／調査／二九歳／一歳〕。

＊16　No.90〔化学／消費者関連／四五歳／一一歳・九歳〕。

＊17　No.43〔食品／広報／四五歳／一六歳〕。

＊18　No.11〔企画調査／調査／二九歳／一歳〕。
＊19　No.20〔金融／不明／三三歳／六歳〕。
＊20　No.64〔化学／研究／四一歳／一四歳〕。
＊21　No.71〔電機／消費者関連／四三歳／一九歳・一六歳〕、No.87〔不明／不明／不明／一〇歳・八歳〕。
＊22　No.74〔化学／研究／三三歳／七歳〕。
＊23　No. 不明、No.19〔その他／デザイン／三五歳／五歳・三歳〕。
＊24　No.69〔その他／研究／三〇歳／二歳〕。
＊25　No.42〔食品／消費者関連／三一歳／二歳〕。
＊26　No.17〔電機／特許／三二歳／六歳・三歳・一歳〕。
＊27　No.19〔その他／デザイン／三五歳／五歳・三歳〕。
＊28　No.89〔企画調査／調査／三六歳／二歳〕。
＊29　No.1〔不明〕。
＊30　No.20〔金融／不明／三三歳／六歳〕、No.4〔電機／業務管理／三〇歳／二歳〕、No.14〔マスコミ／編集／三五歳／六歳〕。
＊31　No.70〔電機／企画／三六歳／三歳〕、No.82〔化学／消費者関連／三五歳／二歳〕、No.4〔電機／業務管理／三〇歳／二歳〕、No.9〔家庭用品／消費者関連／三〇歳／二歳〕、No.88〔不明／不明／三二歳・二歳〕。
＊32　No.17〔電機／特許／三二歳／六歳・三歳・一歳〕、No.61〔通信／消費者関連／四二歳／一七歳・

一二歳)。
＊33　No.4（電機／業務管理／三〇歳／二歳)、No.44（家庭用品／事業推進／三〇歳／一歳)、No.70（電機／企画／三六歳／三歳)。
＊34　No.74（化学／研究／三三歳／七歳)。
＊35　No.19（その他／デザイン／三五歳／五歳・三歳)、No.64（化学／研究／四一歳／一四歳)。
＊36　No.41（化学／研究／三六歳／九歳・六歳・一歳)。
＊37　No.52（官庁／不明／三五歳／七歳・三歳)。
＊38　No.57（金融／不明／五〇歳／二七歳・二六歳)。
＊39　No.75（化学／研究／三一歳／二歳)。
＊40　No.66（その他／研究／三〇歳／二歳)。
＊41　No.9（家庭用品／消費者関連／三〇歳／一歳)。
＊42　No.1（不明)。
＊43　No.19（その他／デザイン／三五歳／五歳／三歳)。
＊44　No.43（食品／広報／四五歳／一六歳)。
＊45　No.66（化学／研究／三八歳／八歳)。
＊46　No.57（金融／不明／五〇歳／二七歳・二六歳)。
＊47　No.28（食品／消費者関連／三五歳／九歳／六歳)。
＊48　No.38（食品／消費者関連／五〇歳／一八歳)、No.17（電機／特許／三二歳／六歳・三歳・一歳)、

No.34〔不明〕。
＊49 No.20〔金融／不明／三三歳／六歳〕。
＊50 No.58〔電機／海外事業推進／不明／五歳〕。
＊51 No.60〔金融／消費者関連／三五歳／一一歳・八歳〕、No.90〔化学／消費者関連／四五歳／一一歳・九歳〕、No.64〔化学／研究／四一歳／一四歳〕、No.69〔その他／研究／三〇歳／二歳〕。
＊52 No.87〔不明／不明／不明／一〇歳・八歳〕。
＊53 No.14〔マスコミ／編集／三五歳／六歳〕。
＊54 No.56〔マスコミ／経理／三五歳／三歳〕、No.57〔金融／不明／五〇歳／二七歳・二六歳〕。
＊55 No.59〔不明／不明／不明／五歳〕。
＊56 No.45〔電機／研究／三四歳／三歳〕。
＊57 No.90〔化学／消費者関連／四五歳／一一歳・九歳〕。
＊58 No.90〔化学／消費者関連／四五歳／一一歳・九歳〕。
＊59 No.60〔金融／消費者関連／三五歳／一一歳・八歳〕。
＊60 No.23〔不明／不明／不明／二歳〕、No.42〔食品／消費者関連／三一歳／五歳・二歳〕。
＊61 No.43〔食品／広報／四五歳／一六歳〕。
＊62 No.67〔電機／研究／三四歳／八歳・四歳〕。
＊63 No.70〔電機／企画／三六歳／三歳〕。
＊64 No.16〔食品／不明／三九歳／六歳・三歳〕。

＊65　No.11〔企画調査／調査／二九歳／一歳〕。
＊66　No.29〔食品／広報／三九歳／八歳・六歳〕。
＊67　No.34〔不明〕。
＊68　No.89〔調査企画／調査／三六歳／二歳〕。
＊69　No.31〔流通／研究／三七歳／一〇歳・五歳〕、No.43〔食品／広報／四五歳／一六歳〕。
＊70　No.38〔食品／消費者関連／五〇歳／一八歳〕。
＊71　No.77〔化学／消費者関連／三三歳／五歳・二歳〕、No.82〔化学／消費者関連／三五歳／二歳〕、No.90〔化学／消費者関連／四五歳／一一歳・九歳〕。
＊72　No.75〔化学／研究／三一歳／二歳〕。
＊73　No.41〔化学／研究／三六歳／九歳・六歳・二歳〕。
＊74　No.31〔流通／研究／三七歳／一〇歳・五歳〕、No.74〔化学／研究／三三歳／七歳〕。
＊75　No.17〔電機／特許／三二歳／六歳・三歳・一歳〕。
＊76　No.18〔その他／不明／三七歳／五歳・一歳〕。
＊77　No.1〔不明〕。
＊78　No.70〔電機／企画／三六歳／三歳〕。
＊79　No.9〔家庭用品／消費者関連／三〇歳／二歳〕。
＊80　No.4〔電機／業務管理／三〇歳／二歳〕、No.63〔不明／不明／三六歳／九歳・八歳〕、No.26〔官庁／調査／四〇歳／八歳・三歳〕、No.74〔化学／研究／三三歳／七歳〕、No.17〔電機／特許／三二歳／六歳・

三歳・一歳〕、No.21〔化学／研究／三一歳／五歳／三歳〕。
＊81　No.52〔官庁／不明／三五歳／七歳・三歳〕。
＊82　No.50〔企画調査／調査／二九歳／一歳〕。
＊83　No.11〔企画調査／調査／二九歳／一歳〕。
＊84　No.77〔化学／消費者関連／三三歳／五歳・二歳〕。
＊85　No.14〔マスコミ／編集／三五歳／六歳〕。
＊86　No.19〔その他／デザイン／三五歳／五歳・三歳〕。
＊87　No.86〔官庁／不明／三五歳／七歳・四歳〕。
＊88　No.12〔マスコミ／消費者関連／三二歳／二歳〕。
＊89　No.64〔化学／研究／四一歳／一四歳〕。
＊90　No.50〔企画調査／調査／二九歳／一歳〕。
＊91　No.69〔その他／研究／三〇歳／二歳〕。
＊92　No.74〔化学／研究／三三歳／七歳〕。
＊93　No.51〔化学／営業管理／三七歳／一三歳／一〇歳／七歳〕、No.66〔化学／研究／三八歳／八歳〕。
＊94　No.57〔金融／不明／五〇歳／二七歳・二六歳〕。
＊95　No.68〔不明〕。
＊96　前掲、和田「ジェンダー視点から戦後保育所づくり運動史を問う」。
＊97　「働く母親へ時期別〝応援歌〟」『日本経済新聞』一九九五年一月三〇日付。

＊98 「働く母の悩み解消策、冊子に」『朝日新聞』一九九五年二月一九日付。
＊99 前掲『仕事と子育て』六八―六九頁。
＊100 前掲『仕事と子育て』九頁。
＊101 前掲『仕事と子育て』九頁。
＊102 前掲『仕事と子育て』五三頁。
＊103 前掲『仕事と子育て』五四頁。
＊104 前掲『仕事と子育て』一七頁。
＊105 前掲『仕事と子育て』二四頁。
＊106 前掲『仕事と子育て』六六頁。
＊107 牧野カツコ「子育ての場という家族幻想――近代家族における子育て機能の衰退」『家族社会学研究』二一巻一号、二〇〇九年。

結びにかえて

序論で述べたように、「女性活躍」をめぐる現状から振り返れば、本書がここまでみてきたヒーブの歴史は、その一つの源流にあたるものといえる。そこで言及した「ネオリベラル・ジェンダー秩序」論に通底する理解として、[*1]上野千鶴子は、男女雇用機会均等法以降の歴史を「ネオリベ改革」史とみて、以下のように整理している。[*2]

すなわち、一九八六年施行の男女雇用機会均等法は、それ自体にジェンダー不平等を是正するうえでの限界があり、「努力義務」規定としての不十分さや、コース別人事管理制度という「抜け道」を許していた。その一方で、一九八五年の労働者派遣事業法、一九九三年のパートタイム労働法など、労働法制の規制緩和が進められたことで、女性の非正規雇用が拡大した。その結果として、男性並みの働き方で男性並みの成果を挙げる一部のエリート女性と、「女性並み」の働き方でケア負担も担うその他の女性との間で、女性の分断が明確になっていったというのである。たしかに、序論で整理した**表序─1**をみても、一九九〇年代以降に「共働き世帯3」、すなわち妻がフルタイム就業の雇用者として働く共働き世帯は主流化せず、むしろマイノリティになっていったことが確認できる。

しかし、本論からわかるように、ヒーブは「男並み化」を拒否し、あるいは企業文化に染まって「男並み化」してしまわないよう強く意識していた。何よりもヒーブとは、ジェンダー化された消費を背負い、雇用のジェンダー化に立ち向かった高学歴女性のことであった。彼女たちは、消費者とはだれか、ケアを担う女性が子どもを産み育てるとはどういうことか、といった問いを抱えながら、そこから男性並みの「会社人間」化を拒み、男性中心の企業文化を乗りこえる視点を獲得していったのであった。そうしたヒーブの歴史的経験は、「ネオリベラル・ジェンダー秩序」論や「ネオリベ改革」史という歴史理解からこぼれ落ちてしまうものかもしれない。それでも、ヒーブの抱えた自負と葛藤は、戦後日本社会が抱えるさまざまな問題を、あるいは「女性活躍」の現状をめぐる隘路を、別の形でよく示してくれるはずのものである。

以下、一九九〇年代半ばまでのヒーブの歴史的経験に即して、本書の内容を振り返りつつ、そこからみえてくる日本の現状を展望してみたい。

1 ヒーブ（HEIB）の日本的展開

一九六〇年代日本の「消費革命」状況は、量的・質的両面での消費の大きな変化に伴う固有の不安や不安定さを抱えるものであったため、「近代家族」規範の浸透と相俟って、女性に主婦役割として消費領域への対応が強く期待されることになった。一九七〇年代初頭にかけてのコンシューマリズムの高まりは、企業と消費者との鋭い緊張関係を生み出すとともに、消費者運動のなかに生活の質を根源的に問う思想を育んでいった。日本企業がアメリカにおけるＨＥＩＢの動向に関心を寄せるようになったのは、こうした状況に石油ショック後の低成長時代におけるマーケティングの課題が折り重なった時期のことであった。

一九七四年と一九七七年の二回にわたる日米ＨＥＩＢ会議を経て、一九七八年に日本ヒーブ連絡協議会が結成された。一九七九年には日本ヒーブ協議会へと改称され、本格的にその活動をひろげていった。アメリカのＨＥＩＢは、企業内で働く家政学士を意味し、正式にはアメリカ家政学会の専門部会メンバーを指すものであったが、日本的なヒーブは、家政学士に限定されず、家政学会に足場をもたず、しかし女性に限定するものとして定着をみた。そこには日米両国の間における家政学のあり方と雇用システムの違いが反映され、日本企業がマーケティングに引きつけた形でヒーブを受容していったのに対して、日本家政学会の対応は後手に回り、以後、協議会は家政学の学知に拠らない形で「ヒーブらしさ」を追求していくこととなった。こうして日本的なヒーブは、企業と家政学との産学連携のような方向ではなく、企業による「女性活用」の文脈が色濃いものとなっていったのである。

日本的なヒーブの成立は、日本型雇用に「最も強力に拒絶され」てきた高学歴女性に、正規のメンバーシップを与えて新たな活躍の場をもたらすものであった。日本ヒーブ協議会にはそうした女性たちが集い、会員は個人資格だが、会社が会費を負担し、就業時間内での活動を認める形で参加が許されていた。会社や上司が入会を勧める例や、前任者の後を受けて入会する例も多く、協議会は究極的には企業の意向に左右される組織であることを免れられなかった。その点、アメリカのＨＥＩＢが、アメリカの労働市場を前提とした企業横断的な専門職であり、かつ家政学会に足場を置いて個別企業の利害を相対化できたこととは、大きな違いが認められる。

日本ヒーブ協議会の会員が所属する企業は、BtoC の要素をもつ有名企業が中心で、会員は会社のなかで消費者対応、商品開発、広報、マーケティングなどの仕事に従事していた。会員数は結成以来急速に増えていき、一九九〇年代半ばにピークがあったが、それ以降は急速に減少していった。長期勤続の会員が増えていく一方、若年会員の入れ替わりも大きく、結婚、出産、育児を理由にした若年での退職が多かったものとみられる。それでも、協議会は、各社で長期勤続を果たし、「女性初の」といわれる管理職女性を何人も要する集団へと成長し、「働く女性のリーディング集団」を自称するまでになっていった。

一部の企業には、「ヒーブ」や「ホームエコノミスト」が専門職として置かれたが、そうした動きは少数にとどまっていた。「ヒーブ」は日本ヒーブ協議会の会員を指す言葉としては一定の定着をみたが、社内の認知度は部署を越えると低く、多くの会員は社内で「ヒーブ」と呼ばれず、自らもふだんはヒーブであることを特段意識することなく働いていた。そのことは、ヒーブ会員は企業内では一女性社員という立場にとどまり、女性性を発揮してほしいという曖昧な役割を期待される存在にすぎなかったことを物語っている。だからこそ、協議会は「ヒーブらしさ」とは何かを追究して共有する場となり、「企業と消費者のパイプ役」という役割規定のなかから、ケアを担う女性だからこそ企業で活躍できる、というヒーブの自負を育んでいく場となった。ただし、そこでの「消費者の視点」は、究極的には個々の会員の生身の生活経験で獲得されるものとされ、その点でも、家政学の学知に拠り所をもつアメリカのＨＥＩＢとは大きく異なっていた。

日本ヒーブ協議会の会員は、総じて会社での仕事にやりがいを感じていた。それは高学歴女性が実際に能力を発揮できる場を企業に得ていたことを意味し、管理職に昇進する意欲も高まって、実際に管理職になる女性も数多く輩出していった。商品開発にあたるヒーブ会員は、女性の視点やケアを担う生活感覚を反映した商品・サービスをさまざまな形で世に送り出し、華々しい成果を挙げていた。消費者対応にあたるヒーブ会員は、顧客対応それ自体にやりがいを感じられなかったが、顧客の声を社内にフィードバックする仕事が、全社的な商品や経営の改善につながっていくことには大きなやりがいを感じていた。ただし、いずれもそこでの仕事は、女性性やケアを担う生身の生活経験だけで通用するものではなく、特に消費者対応については、男性管理職主体のＡＣＡＰが「消費者志向体制」を主導していくなかで、女性であること自体の意味が鋭く問われる状況にあった。逆にいえば、そうした状況にあったからこそ、「ヒーブらしさ」を追究することで、女性性をめぐる曖昧な役割期待を少しでも内実のあるものにし、女性性を積極的に背負う形でキャリアを切り拓こうとしていったのであった。

日本ヒーブ協議会という場は、企業や業種の枠を越えた交流の機会を女性社員に与え、長期勤続や管理職昇進を果たす女性キャリアのロールモデルを提供する場として重要であった。協議会の活動においても、異業種交流の場であることを生かし、衣食住、暮らしに関わる具体的なテーマに即して、各企業の知見を持ち寄り、具体的な商品やサービスの提案に結びつけていくところに特徴があった。自主研究会である「洗濯研究会」（一九八〇―八三年）は、そうした特徴をよく生かして、商品や表示の工夫による問題解決を提案する形で成果を出し、協議会初期の成功体験として語り継がれるものとなった。以後、協議会の自主研究会は、情報化、朝食、環境問題、福祉などの分野にも取り組みをひろげ、しだいに「働く女性」という消費者をいわば自らのうちに発見していくことにもつながった。

一九八六年から始まった「働く女性と暮らしの調査」は、フルタイムで働く女性に焦点を当てた実態と意識の調査として先駆的なものであった。当初は暮らしのニーズを掘り起こすことに力点があり、マーケティング上の関心に比重が置かれていたが、しだいに就労上の課題それ自体に焦点を当てるようになり、ヒーブとしての就労経験から、男性中心の企業文化を問い直そうとする視点が明確になっていった。

一九九一年に設立された自主研究会「1・57を考える研究会」においても、そうした視点が貫かれ、出産・育児と就労継続の両立をめぐる「真の女性たちの声」がすくい取られていった。そこには、やりがいのある仕事を犠牲にせず、子育て経験を何よりも自分の成長として受けとめていた女性たちの姿があった。ケアを担う女性だからこそ企業で活躍できる、というヒーブの自負は、そうした女性自身たちを励ますものとなっていたのである。しかし、ヒーブの自負は文字通りの自負にとどまり、職場や家族の十分な理解を引き出す力をもたなかった。それでもヒーブは、「女性が働き続けるのは当たり前」という共働き経験の世代間継承を通して、近代家族規範を相対化しうるだけの信念を獲得していった。序論で強調したように、自営業も含めれば、戦後日本は「女性が働き続けるのは当たり前」という労働文化を根強く持ち続けた社会であったから、そうした素朴な信念にも、十分な歴史的根拠があったといえるだろう。

以上のように、日本的なヒーブは、主婦役割というジェンダー化された消費のあり方が、女性に新たな就業機会を開く形で成立をみた。そこには、近代家族規範を前提とした「消費者＝主婦」という共通理解があり、ケアを担う女性だからこそ消費者のことがよくわかるという期待があった。消費のジェンダー化と表裏一体となって雇用のジェンダー化が進んだことへの反省を含みながら、日本型雇用の正規のメンバーシップが男性にしか与えられない構造にあるからこそ、企業の論理が消費者の利益と深刻な齟齬をきたしたのだと捉えられていたのである。

家政学士に限定せず、家政学会に足場を置かずに、しかし女性に限るという日本的なヒーブのあり方は、日本型雇用に「最も強力に拒絶され」てきた高学歴女性が、女性性に寄せられる企業からの曖昧な役割期待をとらえ返そうとするなかから生まれた。結果からみれば、「ヒーブらしさ」というものの内実は、ケアを担う女性としての生身の生活経験や生活感覚を反映したものという、それ自体も曖昧な不確かなものであり続けた。それは家政学の学知による裏付けをもたない形で、生活の質をめぐる根源的な問いに対しても、企業の論理を踏み越えて応答できるものではなかった。そこに日本的なヒーブの大きな限界をみることができる。それでも、ケアを担うからこそ企業で活躍できる、というヒーブの自負は、男性中心の企業文化を相対化する視点を育み、その意味では日本型雇用の、そして戦後日本社会のジェンダー不平等を鋭く衝くことになった。

戦後日本社会は、「日本型雇用⇅近代家族」という組み合わせをその編成原理の基軸とする社会であった。そうしたジェンダー構造が抱える企業活動への歪みに対する反省から生まれたヒーブは、その歴史的限界に最も鋭く直面する存在でもあった。ケアを担うからこそ企業で活躍できる、というヒーブの自負は、男性のケア参加を引き出す方向には作用せず、ヒーブがケアと仕事の両立をめぐる困難に正面からぶつかることを余儀なくされたからである。それでも、男性中心の企業文化を相対化する視点は、自らもキャリアを積むにつれて男性化していないかを自問自答する女性社員の意識を育んでいた。そこから、「会社人間＋専業主婦」という会社と家庭それぞれに閉じこもる人間のあり方を批判し、地域や社会に開かれた多様な視点と経験をもつ人間のあり方を希求する発想にも行き着いた。

2　ワーク・ライフ・バランスへの問い

以上にみたヒーブの歴史的経験のなかで、「日本型雇用⇅近代家族」という戦後日本社会の編成原理を相対化する発想をつかみ取っていたことが特に注目される。ただし、そこで呼び起こされたのが、「女性が働き続けるのは当たり前」というある種の素朴な信念であったことは、たとえそれが歴史と経験に根ざす労働文化によるものであったとしても、未来を拓くオルタナティブの提示としては限界を抱えていたようにも思われる。この問題は、ワーク・ライフ・バランスをめぐる現状理解にも関わってくると考えられる。

たとえば、御船美智子は、現代日本社会のなかで生活への関心が高まった時期を、①一九七〇年代初頭の「くたばれGNP」、②一九九〇年代初頭の「生活大国」、②二〇〇〇年代後半の「ワーク・ライフ・バランス」、という三つの波（ブーム）として整理しているが、[*3]この理解に照らして大枠でみれば、ヒーブは①の機運を受けて成立し、②に向き合いながら「会社人間」批判に到達したものといえよう。こうした整理からは、ヒーブの歴史的経験を踏まえて、③のワーク・ライフ・バランスに関する現状をどう展望できるのか、という視点が開かれてくるように思われる。

たとえば、日本企業にワーク・ライフ・バランスの考え方をひろげることに貢献してきた小室淑恵は、「ワークライフ〝ハーモニー〟」と呼ぶべきだとしながら、次のような理解を提示している。[*4]

仕事において、高い付加価値を提供し、成果を上げるためには、広い視野や人脈が必要である。そして、それらは仕事以外の場で身につくことが多い。つまり仕事以外の場を大切にすることによって、仕事も短時間で成果を上げることができるようになるのだ。／このように、双方をうまく調和させ、相乗効果を及ぼし合う好循環を生み出す、というのがワークライフバランス本来の目的だ。

ワークとライフをトレードオフでは捉えず、相乗効果を及ぼし合う好循環の関係にあると説くこの理解は、本書がここまでみてきたヒープの自負に限りなく近い。ただ、小室自身は、企業・経営上のメリットを強調しなくてはならないコンサルタントの立場にあるので、その点はもちろん割り引いてみなければならないが、ここで説かれるのは「仕事」本位の「ハーモニー」である。

より広くワーク・ライフ・バランスをめぐる議論を見渡してみると、[*5] この言葉は二〇〇〇年代後半から日本でも広く知られる用語として普及し始め、少子化対策と結び付いて、就労女性の両立支援や、男性も含めた働き方の見直しに向かう考え方として受けとめられてきた。「女性活躍」推進の文脈に呼応するとともに、日本型雇用の問題性を焦点として、ケア負担を免れた男性でなければ無理な職場と仕事のあり方を、どのように見直していくのかという課題にも注目が集まった。

しかし、こうした「ワーク」に焦点が当たる反面、「ライフ」概念の多義性や曖昧さは顧みられることが少なく、「バランス」とはどのような状態なのかも不明瞭なまま議論が進んできた。有償労働と無償労働という視点からは、ケアもワークなのか、ケア以外もライフに含まれるのか、といったさまざまな論点が議論されてしかるべきなのに、「バランス」状態の可否は主観的な満足度に委ねられ、客観的な不平等や配分の偏りが問われることはまれである。いずれにしても、「ワーク」本位に「ライフ」をみるという議論が主流となってきた。

そもそも「ライフ」とは何かという問いは、人間にとって望ましい生のあり方とは何かという根源的な問いに連なっている。現状から望ましい未来を展望する議論としては、そこにポスト近代家族における「家族の幸せ」とは何か、という問いが隠れているはずである。それは、「日本型雇用⇅近代家族」という戦後日本社会の編成原理を総体として問い直すことにほかならず、ヒーブの歴史的経験が到達した戦後日本社会への問いかけに通じるものであるといえる。

序論でみたように、家政学という学問が、「家庭生活を中心とした人間生活における人と環境との相互作用について、人的・物的両面から、自然・社会・人文の諸科学を基盤として研究し、生活の向上とともに人類の福祉に貢献する実践的総合科学である」とするならば[*6]、「ライフ」本位に「ワーク」を捉えうる貴重な分野であるに違いない。しかし、ワーク・ライフ・バランス論議における家政学の影は薄く[*7]、現状の家政学が、「日本型雇用⇅近代家族」のオルタナティブたりうる「ライフ」概念を社会に広く提示できているかといえば、疑問が生じよう。

振り返ってみれば、本書のなかでみた通り、ヒーブ（ＨＥＩＢ）導入時における日本の家政学は、「企業の利益」と「消費者の利益」を止揚した「生活」とは何かという問いに向き合っていた（第1章）。しかし、日本的なヒーブが家政学（会）に足場をもたないまま展開していくなかで、家政学がそうした日本的なヒーブに正面から向き合うことがなくなり、ヒーブが行き着いた「会社人間」批判を家政学として受けとめる機会も失われた。

「女性が働き続けるのは当たり前」というヒーブの行き着いた信念は、それ自体としては日本の労働文化に深く根ざすもので、そうした労働文化の掘り起こしは、歴史学における今後の重要な課題である。しかし、「女性活躍」をめぐる現状の隘路は、「女性が働き続けるのは当たり前」という前提自体に多くの困難があり、ケアと仕事の両立がいまも困難で、「ケアの脱家族化」だけでは問題が解決しないことを物語っている。[*8] ではいったい、ポスト近代家族における両性のあるべきパートナーシップとはどのようなものか、そして、子どもを産み育てるとはそもそもいかなる意味をもつ営みで、誰にとってどのような幸福と結びつき得るものなのか。[*9] ヒーブも直面したこうした問いに家政学が正面から向き合っていくことができていたならば、ワーク・ライフ・バランスに関する議論も、あるいは「女性活躍」をめぐる現状も、もう少し違った展開がありえたように思えてならない。

3　消費者のケアとそのゆくえ

他方、消費史の観点からみれば、「消費者のケア」を担ったヒーブの取り組みには、それ自体としての歴史的意義を認めることができる。企業が提供する商品やサービスにケアの視点を埋め込んだヒーブの役割は、ケアの商品化や、ケアする立場に立った商品やサービスの開発・改善にさまざまな形で貢献した。消費者と企業との緊張関係を緩和するという意味でも、ヒーブが担った消費者対応や消費者とのコミュニケーションが重要な役割を果たし、企業を取り巻く一九七〇年代の社会的緊張を緩和していく一助となった。こうしたヒーブの取り組みは、日本企業が向き合う「消費者」像をより実態に即したものに近づけたともいえる。それまでの「消費者＝主婦」という多分にフィクショナルな消費者像は、[*10]「働く女性」、障害者、高齢者といった消費者それ自体の多様性に目を向けるなかで改められるようになり、同時に、消費者運動に組織されない「お客様」を企業がつかまえ直していくことにもなった。

ただし、消費者対応部門に関しては、ACAPが「消費者志向体制」への取り組みを牽引する立場にあり、ヒーブ会員はACAP会員の直属の部下として「消費者志向体制」に向けた取り組みを支える関係にあった。ACAPの主導により、日本企業における消費者対応が、苦情処理から顧客満足へと発想を転換し、全社的な取り組みや品質改善へのフィードバック機能を整えていったことには、マーケティング史上の重要な意味があったものと考えられる。そうした「お客様相談室」の整備が、「過剰サービス社会」における「モンスター消費者」[*11]や「カスタマーハラスメント（カスハラ）」問題と不可分なものであったことにも留意しながら、ACAPの取り組みをヒーブとの関わりを含めて本格的に検討することは、今後に残された課題となる。

ポスト・バブル期における「消費者」問題は、日本経済が長期停滞を余儀なくされ、日本企業がグローバル化のなかで競争劣位に立たされるなかで、新たな局面へと転回していった。グローバル市場においては、日本企業のハイエンド・高価格製品がオーバースペックなものと受けとられ、ローエンドで低価格な製品が求められるボリュームゾーンを、日本企業はつかみ損ねていった。それは日本的経営の同質的競争や、要求水準の高い日本市場への「過剰適応」の帰結ともみられ、便利で快適な商品・サービスの追求は、成熟した日本の消費市場が「過剰品質」を生み出す背景になってきた。*12 いわゆるガラパゴス化の弊害という言葉で語られるようになった事態に、ここまでみてきたヒーブの取り組みも無関係ではないだろう。*13

国内に目を向けても、ポスト・バブル期には、「消費者の利益」を追求することが、企業や労働の負荷になるという事態が広くみられるようになった。*14 「過剰品質」や「過剰サービス」は、コスト低下圧力のもとにある労働現場をいっそう疲弊させ、「ブラック企業」という言葉が人口に膾炙するものとなる状況も生まれた。ひとはみな消費者として暮らしているが、ひとはみな消費者としてのみ暮らしているわけではない。人間の営み、社会の営みのなかで、「消費」はどのような位置づけにあるのか、という問いもまた、ヒーブ（ＨＥＩＢ）導入時に家政学が直面した「生活」とは何か、という問いに連なっている。ヒーブの歴史的経験をいま顧みることには、こうした置き去りにされた問いに改めて目を向けることにもつながるのではないだろうか。

註

＊1　菊地夏野『日本のポストフェミニズム――「女子力」とネオリベラリズム』大月書店、二〇一九年。

＊2　上野千鶴子『女たちのサバイバル作戦』文春新書、二〇一三年。

＊3　御船美智子「ジェンダーセンシティブなワーク・ライフ・バランス論をめざして」山口一男＋樋口美雄編『論争　日本のワーク・ライフ・バランス』日本経済新聞出版社、二〇〇八年、八二頁。

＊4　小室淑恵『改訂版　ワークライフバランス――考え方と導入法』日本能率協会マネジメントセンター、二〇一〇年（初版二〇〇七年）、一五頁。

＊5　ここでの整理は、「特集　ワーク・ライフ・バランスとは何か――各学問分野の知見と政策課題」『大原社会問題研究所雑誌』七二三号、二〇一九年に拠るところが大きい。特集のなかでも特に、筒井淳也「社会学におけるワーク・ライフ・バランス――「ライフ」概念の多義性を巡って」に多くの示唆を得た。

＊6　日本家政学会編『家政学将来構想１９８４――家政学将来構想特別委員会報告書』光生館、一九八四年、三二頁。

＊7　前掲、御船「ジェンダーセンシティブなワーク・ライフ・バランス論をめざして」。重川純子「家政学におけるワーク・ライフ・バランス」『大原社会問題研究所雑誌』七二三号、二〇一九年。

＊8　三浦まり「新自由主義的母性――「女性の活躍」政策の矛盾」『ジェンダー研究』一八号、二〇一五年。

＊9　本田和子『子どもが忌避される時代――なぜ子どもは生まれにくくなったのか』新曜社、

二〇〇七年。

＊10　原山浩介『消費者の戦後史――闇市から主婦の時代へ』日本経済評論社、二〇一一年。

＊11　今野晴貴＋坂倉昇平『ブラック企業VSモンスター消費者』ポプラ新書、二〇一四年。仲村和代『ルポ　コールセンター――過剰サービス労働の現場から』朝日新聞出版、二〇一五年。NHK「クローズアップ現代＋」取材班編著『カスハラ――モンスター化する「お客様」たち』文藝春秋、二〇一九年。

＊12　吉川尚宏『ガラパゴス化する日本』講談社現代新書、二〇一〇年。三浦俊彦『日本の消費者はなぜタフなのか――日本的・現代的特性とマーケティング対応』有斐閣、二〇一三年など。

＊13　二〇一〇年に発売されたシャープの多機能端末にあえて「ガラパゴス」という名づけたのは、当時オンリーワン商品・デザイン本部長の職にあった岡田圭子である（「通信激動　スマートフォンの時代」『日本経済新聞』二〇一〇年九月三〇日付）。

＊14　前掲、今野＋坂倉『ブラック企業VSモンスター消費者』。

あとがき

この本は、私にとって四冊目の単著となる。一年前には、自分がこのようなテーマの本を書くことになるとは、まったく想像していなかった。さまざまな偶然が重なった結果だが、いまとなってはすべてが必然だったのかもしれないとも思う。

青土社の村上瑠梨子さんから単著出版のお誘いをいただいたのは、二〇二二年一月のことであった。そのときは、雑誌『現代思想』の「特集＝家政学の思想」（五〇巻二号、二〇二二年）に寄せた拙稿「ヒーブ（ＨＥＩＢ）の日本的展開をめぐって――消費・ジェンダー・企業社会」を脱稿して間もない頃のことで、前に同誌に寄稿した二編の論稿と併せて本を作ってはどうか、という趣旨のご提案をいただいた。それならばヒーブについてのモノグラフを書き下ろしてみたいと思い、その思いを汲んでいただけたことで、本書の刊行が実現した。

「まえがき」に記したように、長くヒーブを研究してきたわけではない。本格的に取り組み始めたのは、『現代思想』への寄稿依頼を受けてからのことであったが、いざ史料を読み始めてみると、すぐにヒーブが魅力的な対象であることを理解できた。ヒーブが歴史研究の対象として興味深く、「いま」を映すアクチュアルな意味も強く感じられた一方で、先行研究と呼べるものはなかったことから、研究史上の意味をきちんと理解してもらうには、一冊の本という紙幅が必要な対象だとも思った。歴史学の分野において、ジェンダー視点の重要性が改めて問われているという近年の研究状況も、ヒーブへの強い関心に結びついていた。

私自身の研究遍歴からみれば、最初の単著である『日本型大衆消費社会への胎動——戦前期日本の通信販売と月賦販売』（東京大学出版会、二〇一四年）のなかでも、たとえば婦人雑誌の『主婦之友』を取り上げていたから、近代家族論との関係を含めて、消費の問題をジェンダーの視点から捉える発想がなかったわけではない。消費史研究においてジェンダーの視点が重要な意味をもつということ自体は、頭ではわかっていたと思う。ただ、ジェンダーやフェミニズムの勉強をきちんとできていたわけではなく、感度をもって史料を読めていたとも思えない。そうした自分の限界に気づかされたのは、近年の研究状況によるところが大きい。

とりわけ、国立歴史民俗博物館の企画展示「性差《ジェンダー》の日本史」（二〇二〇年）には強い印象を受けた。残念ながらコロナ禍の影響により、直接展示を見に行くことはできなかったが、幸運にも、展示プロジェクトから派生した共同研究（「近代日本における産業・労働の展開とジェンダー」国立歴史民俗博物館、二〇一九年度—二〇二一年度）の末席に加えていただき、展示に関わった方々のお話を聞く機会にも恵まれた。私にとっては、展示代表を務めた横山百合子先生をはじめとして、ジェンダーの問題に取り組む研究者の姿勢を学ぶ貴重な機会であった。ヒーブのことをそこで議論することはなかったが、共同研究のなかで学んだことは、何かしらの形で本書の書きぶりに反映されていると思う。

ヒーブの研究に取り組むなかで、ずっと頭のなかにあったのは、近藤康子（サントリー）による「やっぱりスカートをはき続けなくちゃいけないと思う」という言葉であった（日本ヒーブ協議会編『生活者と企業の豊かな関係をつくる女性たち』新水社、二〇〇四年、六八頁）。『現代思想』の論稿でも引用した一節であったが、その原稿を書いた時点では、「やっぱり」という表現の裏にある機微に通じるところまで、十分な理解が及んでいなかったように思う。本書はそのことへの反省から編まれたものといっても過言ではない。もちろん成否は読者の判断に委ねるほかないが、改めて史料を集め直すところから研究を進めるなかで、自分なりの理解にたどり着けたのではないかと思っている。

とはいえ、積み残された課題は多い。序論で述べた通り、公開されている文献史料にこだわったことにはそれなりの理由があるが、一般論としては、決して褒められる歴史家の態度ではない。本書を踏み台として、ヒーブに関するさらなる研究が進むことを期待したい。特に、個別の企業に即した検討は、追究の余地が大きな課題であると自覚している。一九九〇年代後半以降の日本ヒーブ協議会に関する検討とともに、私自身も将来的に何らかの形でヒーブの研究をさらに進めていければと思う。

なお、余計なことかもしれないが、読者のなかには、この「あとがき」に、私自身のケアと就労をめぐる生活経験を書き連ねることを期待する向きもあるかもしれない。しかし、私はそれを書くつもりはないし、書きたいとも思わない。たとえ直接聞かれたとしても、答えたくないと思っている。なぜそう思うのかは、まだうまく言葉にできない。おそらく私が男だからだとは思う。「情けない男」の表象に逃げることがヒーブたちに失礼だという想いもあり、書き手の立場性に寄りかかり過ぎることが歴史叙述の可能性を狭めてしまう恐れも感じる。本書の叙述を通じて、時代を生きたヒーブたちの姿や、ヒーブを取り巻く社会構造のありようについて、いろいろと考えをめぐらせてもらいたい。著者としての願いは、ただそれだけである。

最後に、この場を借りて、編集者の村上瑠梨子さんに特別な感謝を伝えておきたい。『現代思想』に初めて寄稿依頼をいただいたのは、「特集＝物流スタディーズ」（四六巻五号、二〇一八年）に際してのことで、そこに私は、「戦後日本の小売商店における職住関係——商店街の空き店舗問題に寄せて」という論稿を書いた。それまでの私は、商店街の歴史研究をどう進めたらよいのか深く悩んでいたのだが、村上さんからの依頼に応えようとするなかで、職住関係史というアプローチの有効性に思い至ることができた。二度目の寄稿依頼をいただいた「特集＝コロナと暮らし」（四八巻一〇号、二〇二〇年）には、「商い／賑わい／エッセンシャルワーカー——日本小売業にとってのコロナ・ショック」を書き、コロナ禍の現状を歴史の視点から捉え直す機会をいただいた。そして、三度目の寄稿依頼が先述した「特集＝家政学の思想」に際してのもので、めぐりめぐって本書の刊行に繋がった。どれもが私にとって大きな転機となる執筆機会だったと思う。

村上さんは、私の歴史研究がもつアクチュアルな可能性を、私以上に信じてくださっている。そのことに私がどれだけ励まされてきたか、言葉では言い尽くせない。本書の編集においても、より幅広い読者に届く本になるよう、細やかな配慮のもとに手を尽くしてくださった。私の歴史研究は、出版文化に育てられているとつくづく思う。心から感謝とお礼を申し上げたい。

二〇二二年一一月

満薗　勇

満薗 勇（みつぞの・いさむ）
1980年生まれ。東京大学大学院人文社会系研究科博士課程修了。博士（文学）。日本学術振興会特別研究員、立教大学講師などを経て、現在北海道大学大学院経済学研究院准教授。専攻は日本近現代史。著書に『日本型大衆消費社会への胎動』（東京大学出版会）、『商店街はいま必要なのか』（講談社現代新書）、『日本流通史』（有斐閣）がある。

消費者をケアする女性たち

「ヒーブ」たちと「女らしさ」の戦後史

2022 年 12 月 20 日　第 1 刷印刷
2022 年 12 月 28 日　第 1 刷発行

著者　満薗 勇

発行者　清水一人
発行所　青土社
東京都千代田区神田神保町 1-29　市瀬ビル　〒 101-0051
電話　03-3291-9831（編集）　03-3294-7829（営業）
振替　00190-7-192955

組版　フレックスアート
印刷・製本所　双文社印刷

装幀　國枝達也

Printed in Japan
ISBN978-4-7917-7527-9